道徳の理論と指導法

「考え議論する道徳」でよりよく生きる力を育む

柳沼良太

図書文化

はじめに

　道徳が「特別の教科」として新たに位置づけられることで，道徳教育の理論を明確に理解したうえで，実践的な道徳指導もできる資質・能力のある教員を育成することが求められている。

　特に，これからは「考え議論する道徳」を実践するために，「主体的・対話的で深い学び」を取り入れるとともに，問題解決的な学習や体験的な学習を積極的に取り入れることが重要になる。それでは，そもそも「考え議論する道徳」とは何か。「道徳性」とは何であり，どのように育成すべきなのか。どのように道徳教育を計画すればよいのか。どのように学習指導過程を構成すればよいのか。本書は，そうした道徳教育の基礎・基本から応用・発展にいたるまで，さまざまな疑問に明確に答えることができるように構成してある。

　また，本書は，大学の教職課程や教員研修のテキストとして活用されることを前提とし，教職課程で共通に身につけるべき学習内容（コア）を全般的に取り上げているところに特徴がある。具体的には，教職課程における「道徳の理論および指導法」のコアカリキュラムに対応させる形式と内容に構成してある。そのため，本書の目標は，「道徳の意義や原理などを踏まえ，学校の教育活動全体を通じて行う道徳教育およびその要となる道徳科の目標並びに内容，指導計画などを理解し，教材研究および学習指導案の作成，模擬授業などを通して，実践的な指導力を身につける」ことと設定し，その達成に向けた創意工夫をしている。

　本書の内容は，道徳の理論と指導法の2部構成になっている。

　第1部の「道徳の理論」では，道徳の意義および原理などに基づき，学校における道徳教育の目標および内容を理解できるようにしてある。道徳教育に関しては，昔から賛否両論がある一方で，今日的課題も次々と追加されている状

況にある。そこでは，そもそも「道徳とは何か」「道徳を教育するとは何を意味するのか」「道徳性とは何か」を根源的に理解する必要がある。

また，道徳教育や道徳科の目標となる「道徳性の育成」とは何を意味するのかも，科学的な見地から理解しなければならない。こうした根本的な問いに答えるためには，哲学や倫理学の原理原則から，道徳性の発達理論，わが国の道徳教育（や修身教育）の歴史的経緯，諸外国の道徳教育事情まで，多種多様な見地から検討しなければならない。そうした諸事情を踏まえて道徳教育のあるべき姿を追究していきたい。

第2部の「道徳の指導法」では，学校の教育活動全体を通じて行う道徳教育，およびその要となる道徳科における指導計画や指導方法を身につけることができるようにしてある。特に，本書では教職を目指す学生・院生や現職の教師自身が道徳教育や道徳授業のあり方をただ理解するだけでなく，授業のねらいおよび指導過程を明確にして，道徳科の学習指導案を作成することができるように工夫してある。こうした内容を習得できれば，実際に模擬授業を実施できるようになり，その振り返りを通して授業改善の視点を身につけ，道徳の実践的指導力を身につけられるようになる。昔ながらの登場人物の心情を読み取る道徳授業を型どおりこなせるだけでなく，実際の子どもたちの発達段階や道徳問題を見すえて，指導内容を適切に設定し，柔軟かつ効果的に対応できる指導方法を習得できるようにしたい。

本書では，道徳教育および道徳科の改善・充実を目指して，その理論と実践とを統合するための多様な工夫を施してある。読者諸氏が本書を通して道徳教育の内容をより深く理解するとともに，それをもとに創造的で魅力ある道徳授業を主体的に構想し実践することに活用していただければ幸甚である。

2017年7月7日　七夕

柳沼良太

道徳の理論と指導法
「考え議論する道徳」でよりよく生きる力を育む

▶▶▶▶ 目次

はじめに　2

第1部　道徳の理論

第1章　道徳教育の基礎理論 (8～19)

現代社会における道徳教育の諸問題／道徳とは何か／教育とは何か／道徳教育とは何か

第2章　道徳性とは何か (20～29)

道徳性の認知的・情緒的・行動的側面／道徳教育で育成すべき資質・能力の3つの柱／「生きる力」と道徳性／道徳性を構成する諸様相

第3章　道徳の目標 (30～38)

道徳教育の目標／道徳科の目標／道徳の指導内容／子どもの発達段階を踏まえた指導内容

　　コラム1　道徳教育への賛否両論　39

第4章　道徳性の発達理論 (40～49)

精神分析からの道徳性発達理論／デューイの道徳性発達理論／ピアジェの道徳性発達理論／コールバーグの道徳性発達理論／道徳性発達理論と学習指導要領／道徳性発達段階と判断基準

第5章　道徳性発達理論に基づく道徳教育 (50～56)

道徳性発達理論と道徳教育／公平性発達検査／役割取得検査／道徳性理論を道徳教育に活用するうえでの留意点

　　コラム2　「和を以て貴しと為す」日本で「考え議論する道徳」　57

第6章　日本における道徳教育の歴史 (60～71)

戦前の修身教育／戦後の道徳教育

第7章　諸外国の道徳教育 (72〜82)

アメリカの道徳教育／ヨーロッパの道徳教育／アジアの道徳教育

コラム3　宗教教育と道徳教育　83

第2部　道徳の指導法

第1章　道徳教育の計画 (86〜99)

道徳教育の計画における諸課題／道徳教育の全体計画／道徳科の年間指導計画／道徳教育の計画を改善・充実するために

第2章　道徳科の基本方針 (100〜109)

考え議論する道徳科とは／「主体的・対話的で深い学び」の実現／道徳科の質の高い多様な指導法

コラム4　道徳授業は楽しいですか？　110

第3章　道徳科の学習指導の展開 (112〜123)

主題設定の理由／ねらいの立て方／子どもの実態の捉え方／学習指導過程の流れ／発問の仕方

第4章　道徳教材の活用 (124〜132)

教材の類型と活用法／教材の提示法／自作教材の活用／自作教材を作成するトレーニング／教材の内容／学習ノート・ワークシートの活用

コラム5　「考え議論する道徳」の前提となる人間関係　133

第5章　道徳科における問題解決的な学習 (134〜143)

道徳科における問題解決的な学習とは／問題解決的な学習を生かした学習指導過程／問題解決のポイント／道徳的な議論のサポート／討論や議論を中心とした道徳授業

第6章　道徳科における体験的な学習 (144〜153)

道徳的行為に関する体験的な学習とは／役割演技（ロールプレイ）の活用／スキル・トレーニングの活用／別場面への応用／実体験活動の活用／礼儀作法の

教育／体験的な学習の留意事項／特別活動などの体験活動との関連づけ／構成的グループ・エンカウンターを用いた道徳授業

第7章　道徳科の多様な授業展開例 (154 ～ 169)

小学校の道徳授業例／中学校の道徳授業例

第8章　教師に求められる道徳的指導力とは (170 ～ 177)

教師の道徳指導力とは何か／子どもが道徳目標を達成するための指導法／よりよい人間関係を維持するための指導法／子ども一人一人の成長を促す指導法／カウンセリング・スキルを用いた道徳

コラム6　道徳を教えるのか，考え議論するのか　178

第9章　道徳の評価 (180 ～ 189)

道徳科の評価の基本方針／道徳科の評価における留意事項／評価のポイント／道徳の内容項目と評価の関係／道徳科の評価の観点／学校の教育活動全体を通じて行う道徳教育の評価

参考文献　190

あとがき　205

付録 (191 ～ 204)

・教育基本法（旧法／現行法）
・小学校及び中学校学習指導要領（抜粋）

第 **1** 部

道徳の理論

● 第 1 部 ●

第 1 章　道徳教育の基礎理論

❶ 現代社会における道徳教育の諸問題

（1）答えが１つではない道徳的問題をどう解くか

　道徳教育は人間の生き方に関する内容を扱うものであるため，古今東西を通じて非常に重要視されてきた。ただし，道徳教育は常に学際的な領域にあり，公と私の問題が複雑に絡み合うため，さまざまな論議を呼び起こしてきたのも事実である。世界の四聖と呼ばれるソクラテス，釈迦，キリスト，孔子でさえ，道徳にかかわる問題に取り組む際は，真摯な思索をめぐらして熟議を重ね，自ら弟子たちを道徳教育することで省察を深めていった。

　21世紀を迎えた現代でも，道徳教育は装いを新たにして注目を浴び，さまざまな方面からその改善・充実が叫ばれるとともに，そのあり方に関しては熱い議論の対象となっている。これからは，科学技術の進展や高度なグローバル化と情報化によって社会が大きく変動するなかで，道徳的な価値観もいっそう多様化していく。そうした時代的・社会的・文化的背景において，答えが1つとは限らない問題，あるいは答えがないような問題にも，子どもたちは自ら考え主体的に判断し行動することで対応し，人生の諸問題を解決しながら成長・発達することが望まれるようになったからである。

　また，今日ではＡＩ（人工知能）の発達により，これまで人間の知能を使って行ってきた推論や判断などをコンピュータが行えるようになる。そうなってくると，そもそも「人間らしさとは何か」「人間にしかできない道徳的判断とは何か」が問われるようになる。そうしたなかで，学校の教師をはじめとする

大人が子どもたちをどのように道徳教育するかについては，根本的に問い直さなければならなくなる。

　従来は，教師が古くから言い伝えられた道徳的価値観や因習を子どもに伝えるだけでよかったかもしれない。しかし，今日のように価値観が多様化した時代には，多様な見方や考え方ができる事柄も多いため，特定の見方や考え方に偏った指導を行うことのないように留意する必要がある。

　例えば，電車やバスの中で席をゆずる場合でも，「座ってください」「座れば」「よかったらどうぞ」など，声のかけ方次第で印象が大きく異なる。また，親切のつもりで席をゆずっても，相手にとって迷惑だったり不快であったりすることがある。例えば，座ると足が痛いので立っていたい人もいれば，年寄り扱いされて席をゆずられることに不快を覚える人もいる。「それでは，どうすればよいのか」を考え議論することが道徳教育の始まりともなるのである。

　さらに，道徳教育の改善・充実は，2006（平成18）年に教育基本法の改正とそれに対応した教育改革関連三法の改正，さらには学習指導要領の改訂という教育行政的な動向とも関係している。こうした新しい教育方針のもとに子どものよりよく「生きる力」を育むために，「主体的・対話的で深い学び」を取り入れた「考え議論する道徳」のあり方が根本的に求められてきたのである。

　こうした時代に求められるのは，さまざまな課題や問題を解決し，よりよく生きていくための資質・能力である。未来を予見できないからこそ，未来のつくり手となる資質・能力をもつことが大事になる。そのためには，主体的に考え判断する力，協働して問題解決する力，生きて働く知識や技能，豊かな人間性がぜひとも必要になる。より具体的にいえば，答えのない問題にも最善解を導ける能力，分野横断的な幅広い知識と俯瞰力，別の問題場面にも適応できる汎用力など，将来の生活でほんとうに役立つ力や態度である。

　ここでは正解を導く発問から解を限定しない発問へと転換していく必要がある。例えば，過ちを許す立場（相互理解・寛容）と自分勝手を許さない立場（規則の順守）で対立した場合どうするか。友達と仲よくする立場（友情，信頼）と同調圧力に流されない立場（公正・公平）で対立した場合どうするか。

第1部　道徳の理論

こうした解が限定されない発問はいくらでもある。例えば，個人の自由を優先するか，社会的義務を優先するか。正義によって相手を断罪するか，それとも思いやりの心で相手を許すか。グローバルな国際競争での勝ち残りを優先するか，それとも持続可能な社会や環境保全を優先するか。

　国内外でこうした資質・能力を育成することが重視されているなかで，道徳教育も指導法を根本的に改善・充実することが求められているのである。

（2）今日的課題に対応した道徳教育

　道徳教育が求められている別の理由としては，学校や社会ではさまざまな教育問題（規範意識の低下，自尊感情や自己肯定感の低下，人間関係の希薄化など）が次々と顕在化し，社会問題化してきたことも影響している。こうしたなかで，子どもたちは短絡的に快楽原則に基づいて衝動的・突発的な言動をせず，しっかりした社会規範や倫理観を身につけ，豊かな人間性を育むことが求められてきた。特に，少年犯罪の凶悪化や低年齢化，いじめ問題が社会的に注目を浴びるなかで，規範意識や思いやり，生命尊重を教える道徳教育への要望も高まってきたといえる。

　読売新聞社が2013（平成25）年3月に全国の有権者1,472人（回収率49％）を対象にした面接調査で「道徳教科化の是非」を尋ねたところ，賛成が84％に上り，圧倒的多数が支持していることが明らかになった。その理由を尋ねると，「他人を思いやる心が育つ」（52％），「社会規範が身につく」（35％），「いじめ防止につながる」（9％）などであった。つまり，国民の多くは子どもたちの生活習慣が現実的に改善されることを期待しているのである。子どもたちの問題行動や取り巻く環境の問題などに配慮して，具体的な改善策を道徳教育に求めているところがある。

　また，今日的課題として情報モラルをはじめ，科学技術の発展と生命倫理との関係，社会の持続可能な発展などの現代的課題などへの対応を充実させる教育も求められている。また，18歳からの選挙権を踏まえた主権者教育や，消費者教育，安全教育，食育，障害者差別解消法の施行などを踏まえた障がい者

理解（心のバリアフリー）の教育に関することも重要な課題になっている。

さらに，これからの道徳教育は，公共的・社会的な諸問題も含めて解決する資質・能力を養うことも期待される。この点では学校教育全体で目指す「社会に開かれた教育課程」と道徳教育を関連づけられる。こうした道徳教育は，社会科やシティズンシップ教育，高校の新教科「公共」，大学の哲学や倫理学などにも関連し，満18歳からの選挙権に対応した主権者教育にもつながる。特に教科「公共」は，人間としてのあり方・生き方について考える力，問題を解決する力，コミュニケーション能力を育成し，公共的な自己を形成する点で，「考え議論する道徳」と共通点が多い。今後，こうした小・中学校の道徳科が起点となって，小・中・高・大の接続システムを再構築することも可能になる。

（3）いじめ問題などに対応する道徳教育

道徳教育の充実を求める声として，いじめ問題などにしっかり対応してほしいという要望も大きい。道徳教科化の発端ともなったのが，教育再生実行会議の第一次提言で「いじめ問題などに対応する」ために「道徳教育の抜本的な充実」を求めたことである。

この提言は，これまでわが国で何度も繰り返されてきたいじめ自殺事件を念頭においている。特に，2011（平成23）年に滋賀県大津市で中学2年生の男子生徒がいじめを苦に自殺した事件を強く意識している。当該の中学校は，この事件が起こる直前の2009（平成21）年度から翌年度にかけて文科省から「道徳教育実践研究事業」推進校として指定を受け，いじめ問題に対応した道徳教育にも積極的に取り組んでいた。それにもかかわらず，実際には凄惨ないじめがあり，被害生徒の自殺事件にまで発展して社会問題化したため，「道徳教育は何をやっているのか」「道徳授業は形骸化している」と強く批判されるきっかけとなったのである。こうしたなかで，「いじめ防止対策推進法」が2013（平成25）年6月に成立するとともに，学校では道徳を新たな枠組みで「教科化」し，いじめ問題などにも対応するように充実させることが強く求められてきた。

11

第1部　道徳の理論

　ただ実際のところ，従来の道徳授業のように，読み物資料に登場する架空の人物の心情を共感的に理解させ，道徳的価値を教えるだけでは，いじめのような現実の過酷な問題には対応できない。実際に学校現場でいじめ問題などが起これば，道徳授業で間接的に指導するのではなく，毅然とした態度で生活指導（生徒指導）をしたり，学級活動の時間に話し合ったりして直接的に対応するのが一般的である。そのため，道徳授業では現実離れしたきれいごとが語られるにすぎず，いじめのような問題には役立たないため，有名無実なものと見なされる傾向があったのである。

　こうした従来の道徳授業をそのまま教科にしても，それほど実効性は高まらないだろう。いじめ問題などにも対応させるためには，子どもの日常生活の問題解決にも役立つようなスタイルに道徳授業を根本から再構築する必要がある。その場合，単にネガティブで対症療法的な生活指導（生徒指導）のような道徳授業にしてしまうのではなく，肯定的で予防（開発）的な「心の教育」としての道徳授業として再構成し，実効性の高い多様な指導方法を取り入れることが求められる。

　こうしたわが国特有の状況を踏まえて，2016（平成28）年11月18日，松野博一文部科学大臣（当時）は，次のような大臣メッセージを出している。

　「これまでの道徳教育は，読み物の登場人物の気持ちを読み取ることで終わってしまっていたり，『いじめは許されない』ということを児童生徒に言わせたり書かせたりするだけの授業になりがちと言われてきました。現実のいじめの問題に対応できる資質・能力を育むためには，『あなたならどうするか』を真正面から問い，自分自身のこととして，多面的・多角的に考え，議論していく『考え，議論する道徳』へと転換することが求められています」（抜粋。出典：文部科学省ホームページ http://www.mext.co.jp）。

　このように文部科学省でも道徳教育の具体的な指導法にまで踏み込んだ方針を明確に打ち出し，いじめ対策に本気で取り組もうとしている。

　こうした具体的な指導法に関する詳しい検討は，第2部2章以下で行う。

第1章　道徳教育の基礎理論

❷　道徳とは何か

　上述したように，さまざまな問題や課題が山積するなかで，道徳教育の改善・充実は各方面から求められている。しかし，そもそも「道徳とは何か」，「道徳をどのように教えるべきなのか」については見解が完全に一致しているわけではない。そこでまず第1章では，道徳教育の根本的な意義と原理を考察することから始めたい。

　ここではまず道徳や教育の本質を探究して，そこから道徳教育のあり方を検討することにしたい。次に，道徳教育を「道徳」と「教育」に分け，さらに「道徳」を「道」と「徳」に分けるところから検討を始めたい。

（1）道徳の「道」とは

　道徳の「道」の字は，もともと「通り」や「道路」を意味するが，そこから転じて「正しい道」としての「道理」や「道義」という意味でも使われるようになった。辞書には，「人としてふみ行うべき道」（大辞泉），「あるべき道」（明鏡国語辞典）と示されることもある。これは人間としての理想と現実を結びつける「道」，あるいは現実から理想に向かう「道」という意味が込められている。

　ここでいう「道」は，すでに一般的な意味でいう「道徳」をさしているともいえる。実際，「道徳」を辞書で調べると，「人のふみ行うべき正しい道」（『新版　漢語林』），「個人が社会の一員として守るべき行為の基準」（『現代国語例解辞典（第二版）』），「社会生活の秩序を成り立たせるために，個人が守るべき規範」（明鏡国語辞典），「人々が，善悪をわきまえて正しい行為をなすために，守り従わねばならない規範の総体」（大辞泉）と示される。これらは明らかに道徳のなかでも「道」に重点をおいた定義である。

　この道（徳）は，英語では「moral」，ドイツ語で「Moral」，フランス語で「morale」に当たる。これらはすべてラテン語の「mos（複数形mores）」に由

13

来している。この「mos」とは，本来は「習慣」を意味する語であったが，そこから派生して「慣習，習俗，規則，掟」という意味ももつようになった。

こうした道（徳）に相当する欧米の語は，習慣から歴史的に形成され，社会的な慣習となった外的規範であるが，後に個人の内面で理解されると，人生の指針になる内的規範ともなった。現実的に考えても，慣習や習俗として周囲の人々が一般的に行うことは，そこから道徳的なものとして理解され習得される傾向にある。このように道（徳）とは，人間として正しい生き方を示す慣習的な外的規範と，そこから生じた個人の内的規範の総称であるため，独特の地域性や歴史性を帯びることになる。

このように，道徳は外的規範によって人間を規制するという意味合いがある一方で，道徳を人間の理性に基づく自律した判断として樹立しようとする向きもある。例えば，カント（Immanuel Kant）は，自らの意志によって行為を規制できるようにすることを道徳の最高目標とし，人間の内面の判断に基づいた普遍的な道徳法則を探究した。もし普遍的な道徳法則（徳目）が見いだされれば，それを現実的な問題状況に当てはめることで，演繹的に正しい行動指針を導き出せることになる。

カントから影響を受けたロールズ（John B. Rawls）も，リベラリズムの立場から，諸個人が多様な「善」の価値観をもつのに対して，あらゆる善に優先した中立で普遍的な「正義」を受け入れる義務があると主張している。それに対して，サンデル（Michael J. Sandel）はコミュニタリアニズム（共同体主義）的な立場から，正の善に対する優先を認めず，だれもが歴史性や地域性を伴った多様な価値観に基づいて個人の道徳を形成せざるをえないことを強調した。こうした「リベラル－コミュニタリアン論争」は姿形を変えながら各地で勃発しているが，ポストモダンな時代においてはリベラルな民主主義でさえ歴史的状況やコミュニティの暗黙的支持によって正当化せざるをえないことは確かである。

第1章　道徳教育の基礎理論

（2）道徳の「徳」とは

　次に，道徳のなかの「徳」に焦点を当てたい。「徳」とは，人の言動や人格が立派であり，ほかの人の模範になることを意味する。「徳」を辞書で調べると，第1に，「［心がきれいで］努力しないでも，すべての行いが人の模範とするに足ること」（新明解国語辞典），「修養によって身につけた，すぐれた品性や人格」（明鏡国語辞典，大辞泉もほぼ同義）と示される。

　こうした定義からすると，「徳」とは，前述した「道（理）」を単に学び覚えた状態ではなく，それを態度や行動で示すことができる能力である。つまり，実際に道理を行動に移すことができて「徳がある」といわれる。単に抽象的で理念的な道理を知っているだけで，具体的で実践的な場面において態度や行動で示さない（示せない）場合は，つまり「知行不一致」の場合は，「徳がない」ことになる。そこで，「徳」とは，人間として正しい生き方（道）を具体的な道徳的価値（徳目）として理解し，それを実際の態度や行動で示すことができる能力であると解することができる。

　この「徳」を英語でいうと「virtue（ヴァーチュー）」であり，その語源は，ラテン語の「virtus」，ギリシャ語の「αρετή(aretē, アレテー)」であり，もともとは卓越性や有能性を意味していた。英語の「virtue」にも，「美徳」や「長所」という意味とともに，「効力」や「力」という意味がある。そのため，「徳」は単に「よいものをもっている」気質や状態だけでなく，「よいことができる」能力をも意味することになる。

　こうした意味の「徳は教えられるか」という問題が，昔もいまもよく議論になる。古くはソクラテスが，徳が知識であれば教えられるが，徳は知識ではないため教えることはできないと結論づけている。ただし，ここでソクラテスは徳の教育すべてを否定しているわけではなく，金銭を受け取って徳目を切り売りしているソフィスト（徳の教師）の態度を批判したのである。それに対して，ソクラテスは対話のなかで青年が徳を追求し，徳を想起（産出）するのを助ける「産婆術（method of maieutikē）」のような教育を重視したのである。

15

第1部　道徳の理論

　付言すると，アリストテレスはこうしたソクラテス的な対話術（産婆術）が「徳の教育」として十分ではないと見なし，倫理的徳を習慣（ethos）に結びつけて指導すべきであると考えた。

（3）道徳とは

　以上から，「道徳（morality）」は語源から根本的に考えると，「道」と「徳」の意味をあわせもち，英語でいえば「moral」と「virtue」の意味をあわせもつことになる。こうした「道」と「徳」の意味をあわせもつ「道徳」の概念とは，道理となる「人として正しい生き方（人倫）を示す規範」や「現実から理想へ向かうための指針」を理解したうえで，それを個人の主体的な判断に基づいて具体的に実践できることを意味することになる。

　ここでわが国の学校教育における「道徳」の概念を確認しておこう。小・中学校の『学習指導要領解説　道徳編』によると，道徳性とは，「人間としてよりよく生きようとする人格的特性」である。この定義では，「人間としての本来的なあり方」や「よりよい生き方」が抽象的に示されているのではなく，それらを目指して生きようとする「人格的特性」と捉えている点で，上述した定義と共通している。さらに学習指導要領によると，この「道徳性」は「道徳的判断力，道徳的心情，道徳的実践意欲と態度を養うことを求めている」と説明している。これらの道徳性の諸様相を養うことで，道徳的実践につなげていくことができるようにすることを求められる。

❸　教育とは何か

（1）教育の「教」とは

　次に，道徳教育という場合の「教育」とは何かについても検討したい。「教育」という用語も，「教」と「育」に分けて考察することができる。
　「教」とは，「教えること」であり，既存の知識・価値・技能を子どもに伝達

16

し身につけさせることである。「教えること」に重点をおいた英語としては，「ティーチング（teaching）」や「インストラクション（instruction）」となるが，知識や道理を子どもの頭に教え込む（注入する）という意味合いが強まるのであれば，「インドクトリネーション（indoctrination）」や「インカルケーション（inculcation）」とも関連してくる。既存の知識や道理を子どもに教えることで，思想的・道徳的な影響を与えて望ましい方向に導き，既存の社会に適応させるという意味では，「教化（enlightenment）」や「社会化（socialization）」とも関連している。こうした見地から，デュルケーム（Émile Durkheim）は，教育を「未成年者の体系的社会化」と捉え，子どもに道徳的価値を教え，規則を好むように導き，他律的に道徳に従うところから自律的に道徳に従うようになることを道徳教育のねらいと考えている。

　こうした子どもを教え導く教授法（教育学）という意味では，「ペダゴジー（pedagogy）」にも対応する。近代教育ではペダゴジーが主流であったとしても，その前提となる命題が間違っていれば，ある種のイデオロギーを教え込む権力装置となる可能性は常にある。それゆえ，この「ペダゴジー」を相対化し，代替しうる教育のあり方も追求されてきたのである。

（2）教育の「育」とは

　さて，教育の後半にある「育」とは，「養い育てること」であり，子どもの潜在的な能力が発達・成長するように支援することを意味する。一般に「育てる」を意味する英語は，「bring up」，「raise」，「rear」などだが，いずれも植物を栽培したり動物を飼育したりすることにも用いられるように，自然な生物学的成長を重視する点で共通する。子どもの個性や人格特性を伸ばすという意味では，「個性化（individualization）」とも関連している。

　教育方法としての「育」は，「エデュケーション（education）」に対応する。「エデュケイト（educate）」の語源は，ラテン語の「educere（エドゥケレ）」で，「外（e）へ引き出す（ducere）」ことを意味するため，そこから子どものもつ諸々の能力を多様な方法で「引き出す」ことを意味するようになった。上

第1部　道徳の理論

述したソクラテスの産婆術も，真理（道理）を知識として直接的に教えようと
したわけではなく，対話するなかで若者が自ら真理を生み出すことを手伝おう
としたのであった。

　教育思想史上で見ると，ルソー（Jean-Jacques Rousseau），ペスタロッチー
（Johann H. Pestalozzi），フレーベル（Friedrich W. A. Fröbel）へと受け継がれ
た自然主義教育の潮流も，子どもが自らよく生きようとする姿勢を尊重し，子
どもの資質や能力を自然の道にしたがって調和的に発達させようとしている。
また，進歩主義教育の理論的指導者であるデューイ（John Dewey）も，「成
長それ自体が唯一の道徳的目的となる」と考えている。こうした見解は，まさ
に「育」に重点を置いた教育論であると考えられる。

❹　道徳教育とは何か

　こうした見地でみると，「教育」という用語は，「教えること」に関する「知
識や価値を伝達すること」の意味と，「育てること」に関する「能力を引き出
すこと」の意味をあわせもつことがわかる。言いかえると，教育に「社会化」
という機能と「個性化」という機能をあわせもつことになる。道徳教育とは，
前述した「道徳」と「教育」との結合であるとすれば，「人として正しい生き
方や言動」を徳目（知識）として子どもに教える機能と，子どもが道徳的問題
を自ら考え判断し行動する実践力を育てようとする機能をあわせもつといえる。
　わが国では，戦前の修身教育から戦後の道徳教育にいたるまで一貫して，道
徳的価値（徳目）を子どもの心情に訴えながら教え導こうとする徳目主義・心
情主義が保守本流としてある。それに対抗して，子どもの潜在的な能力（よ
さ）を引き出すことで道徳的成長を促そうとする進歩派の立場もある。この保
守派と進歩派の道徳教育論が対立する図式が昔からでき上がっている。従来の
保守派の道徳教育論では，「人として正しい生き方や言動」である抽象的な
「道」あるいはそれを現実場面に即して具体化した「徳目」を知識として教え
ようとしてきた。しかし，この方法では実践能力としての「徳」を育成できな

18

いため，道徳的行為，道徳的習慣，そして人格形成にもいたらないことになる。そこでは，道徳的価値を知識としては理解しているが，それを自分の生活経験に結びつけたり，具体的な問題状況で実践したりすることはできないという「知行不一致」の現象が蔓延することになる。このように道徳的価値を知っていながら，それを実践しない（できない）のは，現実的な問題状況において道徳的価値が有効に機能せず，思考と感情と意欲と行動が連動して働かないからである。

　しかし，それだからといって徳目主義・心情主義の道徳授業をすべてやめて，進歩派の道徳教育論に基づいて，子ども中心主義の立場から学校教育全体で自由に伸び伸びと育てれば，いつか自然と予定調和的によい子どもになるというわけでもないだろう。自由放任された「純粋な自然状態の子ども」が自分の欲望を剥き出しにして道徳を無視し，人権を蹂躙して，不正や迷惑行為，いじめ，校内暴力，学級崩壊などの問題行動を起こすこともある。そこで，今日の道徳教育に切望されるのは，単に「道」や「徳目」を心情に訴えて「教える」だけではなく，人生の指針となり行動を導く「徳」を「育てる」ことであり，感情（道徳的心情）だけでなく思考（道徳的判断力）と行動（道徳的実践力）をもバランスよく総合的に指導することなのである。

　　研 究 課 題

（1）学校のどのような教育活動において道徳教育をすることができるか。

（2）道徳教育で今日的な課題をどう扱うべきか。

第1部

第2章 道徳性とは何か

❶ 道徳性の認知的・情緒的・行動的側面

　道徳性の発達にはいくつかのプロセスがある。まず，道徳的価値や人間としての生き方について理解する思考力や判断力（認知的側面）が発達する必要がある。具体的には，「何をするか」「なぜそれをするべきか」を考え判断する力を育成するのである。次に，言動の方法について思考し判断する行動力や習慣（行動的側面）の発達が必要になる。具体的には，「どうやってするのか」という技能面の行動力を育成する。第3に，道徳的行為をしようとする意欲や態度（情緒的側面）の発達が必要になる。具体的には，「それを実行したい」という意欲を育成するのである。

　このように，子どもの道徳性の認知的，情緒的，行動的側面をバランスよく育成し，「何をするか」「なぜするか」「どうするか」を考え，「実行したい」と内発的に動機づけることが重要になる。そのため，道徳授業で道徳的価値を理解するだけでなく，実際に道徳的問題場面でどのようにすべきかを考え判断し行動して，その結果を振り返って修正したり，繰り返し行動して習慣化したりすることで，人格が少しずつ形成される。こうして習慣化された道徳性は，当然ながら日常生活でも生きて働くため，子どもにとっても有意義になる。

❷ 道徳教育で育成すべき資質・能力の３つの柱

　これまでの学習指導要領では，指導内容（コンテンツ）を中心に構成され，ある分野・領域の知識や技能を子どもに正確に教えることが求められてきた。

第2章　道徳性とは何か

それに対して，今次の学習指導要領では知識や技能の習得をもとに，特定の分野に限定されない広範囲で汎用性の高い資質・能力（コンピテンシー）を育成することが目指されている。いわゆるコンテンツ・ベースからコンピテンシー・ベースへの転換である。こうした見地から，道徳教育で育成すべき資質・能力の3つの柱をみていこう。

（1）生きて働く知識・技能の習得

　第1の柱は，「生きて働く知識・技能」を習得することである。ここでは「何を知っているか」「何ができるか」が問われることになる。

　これを道徳教育と関連づけると，「道徳的諸価値の理解」と「自分自身に固有の選択基準・判断基準の形成」（特に高校）と捉えることができる。ただし，それらは単なる道徳上の知識・技能や判断基準を抽象的に認識するだけでなく，現実生活でも「生きて働く知識・技能」として習得できるようにする必要がある。それゆえ，さまざまな道徳的な問題の発見や解決と関連づけて理解することが大切なのである。

　例えば，「思いやりとは何だろう」「正義を行うとはどのようなことか」などと道徳的価値の意味を直接的に問うことができる。ここでは道徳的価値の意味を抽象的に認識するのではなく，現実生活において「生きて働く知識・技能」として実用的に理解する必要がある。そのためには，道徳的問題に関連づけて，例えば「思いやりのある行為とはどういうことか」，「正義を実現するとはどうすることか」を深く考えられるようにする。

　道徳的諸価値を知識や技能として理解するためには，参考となる資料データや道徳上の物語を読んだり，先人や偉人たちの名言・格言を紹介したりすることも有効である。また，道徳上の選択基準・判断基準を知識・技能と関連づけて習得することも大事になる。例えば，原因と結果の関係を考えることや，自分の立場だけでなく相手（他者）の立場で考えること（可逆性），自分の判断がだれに対しても公平かを考えること（普遍性）などを判断基準として理解することもできる。

21

第 1 部　道徳の理論

（2）思考力・判断力・表現力などの育成

　第 2 の柱は，「未知の状況にも対応できる思考力・判断力・表現力などの育成」である。ここでは，「知っていること，できることをどう使うか」が問われる。

　これを道徳教育と関連づけると，「人間としてのあり方・生き方についての考え」を支える思考力・判断力・表現力の育成である。そこでは道徳的問題を主体的に考え判断し，対話的あるいは協働的に議論するなかで「自己の生き方」「人間としての生き方（あり方）」について，思考，判断，表現する力を育成することになる。

　具体的には，答えのない問題にも納得し合える最善解を導き出す力や，習得した知識や技能を別の場面でも効果的に汎用できる力が重視される。そのために，「考え議論する道徳」では実際の道徳的問題に向き合い，「自分ならどうするか」という観点からよりよい方向を模索しつづける資質・能力が大事になる。

　こうした資質・能力を育むためには，まず「何が問題になっているか」を見いだす必要がある。問題には，①道徳的諸価値が実現されていないこと，②道徳的価値の理解が不十分または誤解していること，③道徳的諸価値を実現しようとする自分とそうできない自分とが葛藤していること，④複数の道徳的価値の間で対立が生じていることなどがある。

　次に，こうした道徳的問題について「どうすればよいか」「自分ならどうするか」を考える。道徳的価値と関連づけて「ここで思いやりのある行動とはどういうことか」「どうすれば正義を実現できるか」を尋ねることもできる。道徳的価値観が対立している問題の場合は，その葛藤を克服するためにはどうすればよいかをより多面的・多角的に考え，納得できる最善解を総合的に判断する力を養う。

　また，習得した知識や技能を別の場面でも，効果的に汎用できる力が重視される。展開の前段で基本的な道徳的問題を考え解決し，後段で応用問題を提示して発展学習や探究学習につなげることができる。

22

（3）学びに向かう力・人間性の涵養

　第3の柱は，「学びを人生や社会で生かそうとする，学びに向かう力・人間性の涵養」である。ここでは，子どもが「どのように社会・世界とかかわり，よりよい人生を送るか」が問われることになる。

　これを道徳教育に関連づけると，「人間としてよりよく生きる基盤となる道徳性」それ自体となる。人間性や道徳性にかかわるこうした資質・能力は，道徳科をはじめ，各教科などと関連づけて総合的に養うことになる。

　こうした資質・能力を養うためには，道徳科の授業で学び考え習得した道徳的価値や，育成した道徳的判断力・心情などを子どもたちの人生や社会で生かそうとする意欲・関心・態度が大事になる。これまで道徳授業は，「実効性に乏しい」「日常生活では使えない」という指摘が多かった。そこで，道徳科でも「学びを人生や社会で生かそうとする意欲」や「学びに向かう力」を養うことはとても重要である。道徳科で学んだことが，子どもたちにとって「ためになる（役に立つ）」「もっと学びたい（探究したい）」と実感できれば，学ぶ意欲や関心も高まる。

　こうした「学びに向かう力」を養うためには，例えば，道徳授業の終末において，「この授業が自分の人生のためになるか」「何に役立てることができるか」について考えを深めることが大事である。また，子どもの道徳性の発達段階に適した学習内容を計画的・系統的に配置する必要がある。

　また，道徳性は人間性の核を構成するものであり，「どのように社会・世界とかかわり，よりよい人生を送るか」と深くかかわってくる。道徳科での学び考えたことをもとに社会や世界とかかわろうとしたり，よりよい人生を送ろうとしたりする意欲や態度を育むことが肝要になる。

❸　「生きる力」と道徳性

　今日の道徳教育は，子どもの「生きる力」を育むことを主要な目的の1つと

第1部 道徳の理論

して掲げている。そもそも、この「生きる力」とは何か。

文部省（現・文部科学省）は、1996（平成8）年の第15期中央教育審議会の第1次答申において、新たな学校教育のあり方として「生きる力」の育成を打ち出し、2002（平成14）年から「生きる力」をキーワードとして小・中学校の教育課程を改訂してきた。この「生きる力」とは、答申によれば、まず「自分で課題を見つけ、自ら学び、自ら考え、主体的に判断し、行動し、よりよく問題を解決する能力」である。社会が大きく変動するなかで、子どもにも主体的に思考し判断し行動する能力が求められるようになったからである。次に、「自ら律しつつ、他人と協調し、他人を思いやる心や感動する心など豊かな人間性」である。子どもの社会規範の意識が低下するなかで、豊かな人間性が求められるようになったからである。さらに、「たくましく生きるための健康や体力」が続く。このように「生きる力」とは多義的な概念であるが、その主要な構成要素は、まず「問題解決能力」が筆頭にきて、次に「豊かな人間性」や「たくましい体力」が続くのである。ここでいう「問題解決能力」とは、思考力や判断力を育成するという点で認識的側面に焦点を当てたものであり、「豊かな人間性」とは、他人を思いやる心や感動する心を育成するという点で情意的側面に焦点を当てているといえる。

この中教審答申をもとに審議された1998（平成10）年の教育課程審議会の答申は、「生きる力」を育成するという基本的ねらいは同じであったが、当時の少年非行の低年齢化や凶悪化に対する世相を反映させて、「豊かな人間性」が前面に出てきた。この教課審の答申を受けて1999（平成11）年に改訂された『小学校学習指導要領解説 道徳編』では、生きる力は「変化の激しい社会において、いかなる場面でも他人と協調しつつ自律的に社会生活を送れるようになるために必要な、人間としての実践的な力であり、豊かな人間性を重要な要素とする」と記されている。ここでいう「生きる力」は、明らかに問題解決能力よりも「豊かな人間性」に重点をおいている。この指導方針に即して拡充された道徳授業は、思いやりや優しさなどの情緒的側面を強調する傾向が強まり、肝心の問題解決能力は新設された「総合的な学習の時間」で育成されるこ

24

とになった。以下，参考までに『解説 道徳編』に提示された「豊かな人間性」を次に記しておく。

　①美しいものや自然に感動する心などのやわらかな感性，②正義感や公正さを重んじる心，③生命を大切にし，人権を尊重する心などの基本的な倫理観，④他人を思いやる心や社会貢献の精神，⑤自立心，自己抑制力，責任感，⑥他者との共生や異質なものへの寛容，などの感性や道徳的価値を大切にする心であると捉えられている。

　なお，2008（平成20）年度に改訂された学習指導要領によると，「生きる力」は次のように再定義されている。「基礎・基本を確実に身に付け，いかに社会が変化しようと，自ら課題を見つけ，主体的に判断し，行動し，よりよく問題を解決する資質や能力，自らを律しつつ，他人とともに協調し，他人を思いやる心や感動する心などの豊かな人間性，たくましく生きるための健康や体力など」。学力低下論争の影響からか，生きる力の主要な構成要素だった「自ら学び自ら考える」から「確かな学力」へと表現が変わり，定義の冒頭部に「基礎・基本を確実に身に付け」という文言が加えられた。

　次に，道徳教育で育成すべき「道徳性」の定義をここで再び確認しておきたい。2008（平成20）年の学習指導要領の解説書では，道徳性を「人間らしいよさ」や「道徳的諸価値が一人一人の内面において統合されたもの」として捉えていた。それゆえ，道徳性を育成するためには，内容項目に示された道徳的価値一つ一つを子どもに理解（自覚）させればよいと考えられてきた。

　それに対して，2014（平成26）年の中央教育審議会道徳教育専門部会の答申では，道徳性を「様々な課題や問題を解決し，よりよく生きていくための資質・能力」として定義し直した。それを受けて2015（平成27）年に改訂された学習指導要領でも，道徳性を「人生で出会う様々な問題を解決して，よりよく生きていくための基盤となるもの」であり，「人間としてよりよく生きようとする人格的特性」であると捉え直している。

　ここでいう「よりよく生きるための基盤となる道徳性」とは，学校教育全体で育成する「生きる力」とも密接に関連している。2015（平成27）年度の学

第1部　道徳の理論

習指導要領の総則にも示されたように，「道徳性」とは，従来のように「生きる力」の構成要素である「豊かな人間性」（情意的側面）の基盤だけではなく，人生で出合うさまざまな問題を解決する能力＝「確かな学力」（認知的側面）や，実際に行動・実践する「健康や体力」（行動的側面）の基盤にもなるのである。

　こうした認知的，情緒的，行動的側面をあわせもった総合的な道徳性を育成するためには，単に読み物教材に登場する人物の心情にからませて道徳的価値を理解（自覚）させるのではなく，子ども自身が主体的に道徳的問題の解決に取り組み，日常生活にもその学習成果を活用・応用できるようにする必要がある。

　このような生きて働く道徳性とは，経済協力開発機構（OECD）の「キーコンピテンシー」，国立教育政策研究所の「21世紀型能力」，アメリカを中心とした「21世紀型スキル」，イギリスの「キースキルと思考スキル」，オーストラリアの「汎用的能力」などとも関連している。教科横断的で総合的に問題解決できる資質・能力のもとになる道徳性が，いままさにグローバルに求められてきているのである。

　こうした時代の趨勢を踏まえて，新しい学習指導要領では，道徳性を単なる静的な内面的資質として限定的に捉えるのではなく，道徳上の問題解決に資する動的な資質・能力（コンピテンシー）として捉え直し，日常生活において生きて働くものであることを強調したのである。

　2006（平成18）年の学習指導要領において道徳性の概念は，「生きる力」の構成要素のなかでもおもに「豊かな人間性」にだけ対応していた。それに対して，2015（平成27）年の学習指導要領の総則では，道徳性の概念が，「生きる力」の構成要素である「豊かな人間性」だけでなく，「確かな学力」や「健康や体力」の基盤ともなると捉え直され，認知的・情緒的・行動的側面を総合的に含むと示されている。

❹ 道徳性を構成する諸様相

　道徳科で育成する資質・能力は，具体的には道徳性を構成する諸様相として示されている。新しい学習指導要領においても道徳性を構成する諸様相として「道徳的判断力，道徳的心情，実践意欲と態度」が示されている。道徳教育の実効性を高めるためには，こうした諸様相を機能的な概念として捉え直す必要がある。以下に学習指導要領を参照しながら，道徳性の諸様相の定義や考え方を示してみたい。

　まず，「道徳的判断力」は，学習指導要領では「それぞれの場面において善悪を判断する能力」であり，「人間として生きるために道徳的価値が大切なことを理解し，様々な状況下において人間としてどのように対処することが望まれるかを判断する力」と定義されている。そのためには，よりよく生きるために基本となる道徳的な諸価値や原理原則を理解したうえで，さまざまな場面や問題状況において人間としてどのように対処することが望ましいかを認識して，主体的に判断できるようになる必要がある。また，道徳的判断力は，自分自身の生き方や行動を振り返り，根本的かつ批判的に省察したうえで，よりよい生き方を見つけ出す能力でもある。的確な道徳的判断力をもつことによって，人生において出合うであろう多様で複雑な問題状況においても，機に応じて適切な道徳的行為のあり方が判断できるようになる。

　次に，「道徳的心情」とは，学習指導要領では，「道徳的価値の大切さを感じ取り，善を行うことを喜び，悪を憎む感情」，あるいは「人間としてのよりよい生き方や善を志向する感情」と定義されている。正しいことや善良なことをすることに快さを感じ，不正や邪悪なことをすることに不快さを感じる感情である。また，それは他者の経験を自分のものとして感じ取り，他者の気持ちに共感する能力でもある。さらに，よりよい生き方を志向し，崇高なものに憧れ，偉大なことを成就することに喜びを見いだすような感情でもある。こうした道徳的心情は，自己を尊重する心（自尊心）や自己を制御する心（自制心）にも

なる。こうした道徳的心情は，上述した道徳的判断力と結びつくことで，道徳的な動機づけの根拠を形成することになる。

　第3に，「道徳的実践意欲と態度」とは，学習指導要領によると，「道徳的心情や道徳的判断力によって価値があるとされた行動をとろうとする傾向性」と定義されている。言いかえると，道徳的判断力や道徳的心情によって望ましいとされた行為・行動を主体的に行おうとする心的傾向である。前半の「道徳的実践意欲」とは，「道徳的判断力や道徳的心情を基盤とし道徳的価値を実現しようとする意志の働き」である。知性と感情が調和的に結びつき，道徳的実践をしようという意欲が高まることによって，望ましい行為に駆り立てられる。一方，後半の「道徳的態度」とは，「それらに裏付けられた具体的な道徳的行為への身構え」である。

　このほか，道徳性は，「道徳的行動力」や「道徳的習慣」とも深く関連していることを考慮すべきである。2008（平成20）年の学習指導要領では，道徳授業の目標として「道徳的実践力」の育成を掲げたが，この道徳的実践力を内面的な資質として解説したため，実効性を失うことになった。従来の道徳授業は，「道徳的実践力」を育成するといいながら，実質的な道徳的行動力や道徳的習慣につながらなかったため，実効性に乏しかった。

　そこで，道徳的行動力や道徳的習慣についても具体的に検討してみたい。

　「道徳的行動力」とは，道徳的判断力や道徳的心情に基づいて意欲を喚起された道徳的行為を現実化する能力である。それはさまざまな問題に対して道義的責任をもって実際に行動する力でもある。また，道徳的行動力は，人生でさまざまな問題に直面した際に，相手の意見を尊重し，自分の思いを適切に伝え，互いに受容できる解決策を協働して考え，実行する能力でもある。道徳的判断力や道徳的心情は，特に両者が共に作用する場合に意欲的になり，道徳的行動力に転化する。逆に，道徳的行動力が高まると，道徳的な考え方や感じ方に影響を及ぼすようになる。

　「道徳的習慣」とは，よい経験を繰り返し積み重ねて身につけた望ましい行動についての心的傾向である。道徳的習慣を形成することで，道徳的判断力や

道徳的心情が一定の心的傾向をもち，道徳的行為も自然にできるようになる。こうした道徳的習慣の最も初歩的な形態が，「基本的な生活習慣」と呼ばれる。こうした道徳的習慣が形成されて人格となると，「第二の天性」ともいわれるものとなる。道徳的習慣が形成されると，道徳的判断力，道徳的心情，道徳的行動力にも影響を及ぼし，ある一定の心的傾向をもつようになる。

　こうした道徳性を構成する諸様相は，それぞれが独立した特性をもつのではなく，相互に深く関連している。それゆえ，これらの諸様相が全体としてバランスよく密接な関連をもって機能するように指導することが大切である。実際に子どもが直面する問題に対して，道徳的判断力や道徳的心情が働き，道徳的実践への意欲や態度が引き出され，道徳的行動力が道徳的行為を導き出し，道徳的習慣が形成され，再びその経験が道徳的判断力や道徳的心情に影響を及ぼすというサイクルが適切に機能するよう指導することが重要になる。

　　研 究 課 題

（1）実効性のある道徳教育をするために，どのような指導の工夫が考えられるか。

（2）道徳性の発達をどのように把握することができるか。

第1部

第3章 道徳の目標

❶ 道徳教育の目標

　教育の目的は，子どもの認知的側面と情緒的側面と行動的側面をバランスよく育成し，よりよい人格を形成することである。こうした目的を実現するうえで重要な役割を果たすのが，道徳教育である。

　この点は教育基本法第1条にも関連している。教育の目的は「人格の完成を目指し，平和で民主的な国家及び社会の形成者として必要な資質を備えた心身ともに健康な国民の育成を期す」ことである。そして「教育の目標」は，教育基本法第2条第1項に定めるとおり，「幅広い知識と教養を身に付け，真理を求める態度を養い，豊かな情操と道徳心を培うとともに，健やかな身体を養うこと」である。ここでの「教育の目標」も，認知的側面と情緒的側面と行動的側面に分けて提示されている。

　ただし，この教育の目標において，情緒的側面のなかに「道徳心」を入れている点には留意する必要がある。というのも，この文章を読むかぎりでは，道徳教育は，教育における情緒的側面の一部だけを担当するもので，認知的側面や行動的側面とは直接関係がないかのように解釈されがちだからである。

　ここでいう「道徳心」とは，「道徳的心情」に限定されており，「道徳性」の一部でしかない。「道徳性」には，このほかにも認知的側面に含まれる道徳的思考力や道徳的判断力もあれば，行動的側面に含まれる道徳的行動力や道徳的習慣もある。こうしたさまざまな側面を無視して，道徳性を情緒的側面の一部として捉えてしまうと，道徳教育は心情主義に傾き，実効性を失っていく。明治以来，わが国では，教育課程を単純に「知育・徳育・体育」に分け，育成す

べき資質を「知・情・意」に分けてきた。そのため道徳教育は徳育に限定され，道徳性の情緒的側面（＝道徳的心情）ばかりを重視する傾向があった。

　これは学校教育全体の目標とされる「生きる力」の概念でさえ同じである。2008（平成20）年度の『学習指導要領解説 道徳編』によると，道徳教育では「生きる力」の構成要素のなかの情緒的側面である「豊かな人間性」だけが強調され，認知的側面である「確かな学力（問題を解決する能力）」や行動的側面である「健やかな体力」には関連づけられていなかった。しかし，道徳教育においても認知的側面，情緒的側面，行動的側面があり，各側面をそれぞれバランスよく指導しなければならない。

　本書の第1章や2章で検討したように，道徳性とは，人間としての正しい生き方について理解を深め，それをもとに主体的な思考や判断ができ，実際の生活場面でも自らの行為や実践に活用でき，それを習慣化することで身につく「資質・能力」である。こうした「資質・能力としての道徳性」は，実際の道徳的な問題状況について考え，判断し，行動する経験を繰り返すことで育成される。

　こうした道徳性にも，認知的側面（道徳的理解力，道徳的思考力，道徳的判断力），情意的側面（道徳的心情，道徳的実践意欲，道徳的態度），行動的側面（道徳的行動力，道徳的習慣）がある。こうした道徳性を総合的に育成することが道徳科の目標となるべきである。

　学校における道徳教育は，教育課程の1つとして学習指導要領の示す目標と内容に基づいて行われている。小学校学習指導要領，中学校学習指導要領，高等学校学習指導要領には，それぞれ第1章の総則の第1の2で道徳教育の目標とその留意事項を以下のように示している。

　道徳教育の目標は，「教育基本法及び学校教育法に定められた教育の根本精神に基づき，自己の生き方を考え，主体的な判断の下に行動し，自立した人間として他者と共によりよく生きるための基盤となる道徳性を養うこと」である。

　そして留意事項として，「道徳教育を進めるに当たっては，人間尊重の精神と生命に対する畏敬の念を家庭，学校，その他社会における具体的な生活の中

第1部　道徳の理論

に生かし，豊かな心をもち，伝統と文化を尊重し，それらを育んできた我が国と郷土を愛し，個性豊かな文化の創造を図るとともに，平和で民主的な国家及び社会の形成者として，公共の精神を尊び，社会及び国家の発展に努め，他国を尊重し，国際社会の平和と発展や環境の保全に貢献し未来を拓く主体性のある日本人の育成に資する」ことを示している。

　今次の学習指導要領では，道徳教育の目標も道徳科の目標も，同じく「道徳性の育成」と設定している。2008（平成20）年の学習指導要領では，道徳授業の目標は，「道徳的価値の自覚を深める」ことを通して，「内面的資質としての道徳的実践力」を育成することとされ，この道徳的実践力に「道徳的習慣や行為」は含まれないと規定されていた。一方の道徳教育の目標は，「道徳的習慣や行為」を含めた「道徳性」を育成することであるとされた。そのため，目標が道徳教育と道徳授業で二重構造となり実効性の乏しい原因になっていた。

　それに対して，道徳科では（道徳教育と同様に），「よりよく生きる資質・能力としての道徳性」を育成することを目標している。この道徳性は，「人生で出会う様々な問題を解決して，よりよく生きていくための基盤となるもの」であるため，道徳的判断力・道徳的心情・道徳的実践意欲・態度だけでなく道徳的習慣や行為をも含めて総合的に指導することができる。

❷　道徳科の目標

　学校における道徳教育は，上述したように，学校の教育活動全体を通じて行うものであるが，教科・領域における教育活動は，それぞれ独自の目標と内容をもっており，道徳教育の目標だけを目指していない。そこで，学校の道徳教育の要となり，道徳性の育成を目標と内容とする道徳科の授業が教育課程の一領域として設定されることになった。

　教科化される前の「道徳の時間」は，学校における道徳教育を補充・深化・統合するものであり，道徳教育の要として位置づけられてきたが，実際のところ，発達の段階を踏まえた内容や指導法になっていなかったり，登場人物の心

情の読み取りに偏った形式的な指導が行われたりすることが指摘されてきた。

こうした状況を踏まえて，道徳科では，発達段階に応じ，答えが1つではない道徳的な問題を一人一人の子どもが自分自身の問題と捉え，向き合う「考え，議論する道徳」へと質的転換を図ることが目指されたのである。

今回の改訂においては，上述した問題状況を克服して道徳授業の拡充を図り，その実効性を高めるために，道徳教育と道徳科の目標を統一し，「よりよく生きるための道徳性を養う」ことと規定した。これを受けて道徳科の目標は，「道徳性を養う」ために，「道徳的諸価値についての理解を基に，自己を見つめ，物事を（広い視野から）多面的・多角的に考え，自己（人間として）の生き方についての考えを深める学習を通して，道徳的な判断力，心情，実践意欲，態度を育てる」（かっこ内は中学校）ことと規定した。

このように道徳科においても，各教科などと同様に，指導内容（道徳的諸価値についての理解），指導方法（自己を見つめ，物事を多面的・多角的に考え，自己の生き方についての考えを深める学習），資質・能力（道徳的な判断力，心情，実践意欲，態度）の順で目標が明確に示されたのである。

❸ 道徳の指導内容

道徳科の目標が改善されたことを受けて，道徳科の指導内容も改訂されることになった。まず，現状を維持するところと変更するところを明確にしておきたい。

第1に，道徳の内容は，道徳科を要として学校の教育活動全体で行う道徳教育の内容として位置づけられた点である。この点は，「道徳の時間」が特設されて以来，変わらぬ基本方針であり，原理的にも正しい。しかし，道徳の内容が道徳教育全体の目標であるため，道徳科の授業でその内容を完全に習得しなくてもよいという言い訳に使われてきた点では課題も残る。

上述したように，道徳教育の目標と道徳科の目標が「道徳性の育成」として統一される以上，それに対応した総合的で実践可能な指導内容とすることが求

第1部　道徳の理論

められる。道徳の指導内容も，教科となる以上は単なるお題目ではなく，子ど
もが習得し活用し実践すべき内容であるため，より具体的で機能的な表現にす
る必要があった。

　また，従来の道徳の内容項目は，一般的かつ抽象的な「方向目標」であり，
できるのが望ましい内容を示していた。そこで，できるだけ行動の水準まで具
体化された「行動目標」とすることが望まれた。その結果として，新しい学習
指導要領では内容項目の文末がすべて「〜こと。」という表現に改められた。
こうした具体的な行動目標を設定することで，育成すべき資質・能力が明らか
になり，妥当性や信頼性のある評価に結びつけることができる。

（1）内容項目の変更

　2008（平成20）年の学習指導要領までは，内容項目を①「自分自身に関す
ること」，②「ほかの人とのかかわりに関すること」，③「自然や崇高なものと
のかかわりに関すること」，④「集団や社会とのかかわりに関すること」の4
視点で分類している。この分類は，子どもにとっての対象の広がりや道徳性の
同心円的な発達と関連づけると，視点の③だけ特異であり整合性がなかった。

　そこで，4つの視点の意義を明確にするとともに，その発展性を適切なもの
にするために，視点の③と④を入れ替え，①自分，②ほかの人，③集団や社会，
④崇高なものへと展開する流れに改めた。

　結果的にいえば，学習指導要領の内容項目は，「A　主として自分自身に関
すること」「B　主として人とのかかわりに関すること」「C　主として集団や
社会との関わりに関すること」「D　主として生命や自然，崇高なものとのか
かわりに関すること」の4視点に分類し直された。内容項目の合計は，小学校
低学年で19項目，中学年20項目，高学年22項目，中学校では22項目ある。

　こうした指導内容は，どれも均等に取り扱うよりも，子どもの発達段階や特
性，取り巻く環境の変化などを踏まえて重点化したほうが効果は高まる。特に，
今日の子どもの道徳的課題と見なされている「生命を尊重する心」「他人を思
いやる心」「自立心や自律性」を育成することは，繰り返し授業を行うことで

34

定着し効果が出てくる。

　また，規範意識を高めるために，法やきまりの意義に関する理解を深め（法教育），主体的に社会の形成に参画する意欲と態度を養い（シティズンシップ教育），わが国の伝統と文化に対する理解を深め，国際社会のなかで生きる日本人としての自覚を身につけることも重視されている。

　さらに，内容項目に示された道徳的価値をキーワードとして打ち出し，より体系的で効果的な示し方を工夫することになった。従来のように視点の番号だけで，例えば「2－(3)」のように無意味な番号で示すのではなく，「友情，信頼」のようにキーワードを前面に出して示すようになった。そのほうが，学校現場の教師だけでなく保護者や地域の人々にも理解しやすいし使いやすいと考えられたからである。このキーワード数は少なくとも小学校で38個以上，中学校で41個もある。

　今後は，こうした40個前後のキーワードを並べるだけでなく，それらを包括する重要な概念を7〜8個に絞り込んで，わが国の核心価値（コア・バリュー）として設定することも考えられる。例えば，自立，克己心，思いやり，寛容，正義，公徳心，生命尊重，畏敬の念などである。これらは現行の指導要録にある「行動の記録」と関連づけて評価することもできる。キーワードを7〜8個に絞れれば，教師だけでなく子どもや保護者にも簡単に覚えてもらえ，重点的に道徳的実践もしやすいという利点がある。実際，人格教育を取り入れているアメリカをはじめ，シンガポール，韓国，オーストラリアなどでは，こうした核心価値を絞ることでナショナル・アイデンティティを形成している。

（2）重点項目の扱い

　道徳教育を進めるにあたっては，指導内容の重点化を図ることが大切である。重点項目を指導計画に反映させるためには，校長をはじめ道徳教育推進教師が全体計画や年間指導計画を調整しながら，道徳教育をほかの教育活動に関連づけ，道徳科において発展的・総合的な指導を行うことが求められる。特に，重点項目については繰り返し指導を行うなど，子どもの実態や学校の実情に応じ

第1部　道徳の理論

た効果的な指導計画を作成する必要がある。

　どのような内容を重点的に指導するかについては，各学校において子どもの実態や学校の実情を踏まえ工夫するものであるが，社会的な要請や今日的課題についても考慮する必要がある。これらと合わせて，人間としての生き方について理解を深めることは，全学年を通じ，学校教育のあらゆる機会を捉えて，すべての内容項目とかかわるように配慮しながら指導することが求められる。

　今次の学習指導要領によると，小学校の段階では各学年を通じて，「自立心や自律性，生命を尊重する心や他者を思いやる心を育てる」ことを共通の重点内容として押さえる。そして各学年の段階において重点内容がある。例えば，基本的な生活習慣，善悪の判断，社会生活上のきまりを守ること，法やきまりの定義，伝統と文化の尊重，わが国と郷土を愛することなどの指導内容を取り扱っている。

　中学校の段階でも，小学校の重点項目をさらに発展させて，自立心や自律性を高め，規律ある生活をすること，生命を尊重する心や自らの弱さを克服して気高く生きようとする心を育てること，法やきまりの意義に関する理解を深めること，自らの将来の生き方を考え主体的に社会の形成に参画する意欲と態度を養うこと，伝統と文化を尊重し，それらを育んできたわが国と郷土を愛するとともに，他国を尊重すること，国際社会に生きる日本人としての自覚を身につけることなどがあげられている。

　さらに，現代的課題をもっと積極的に取り入れることが求められている。例えば，情報モラル，生命倫理，環境保全（持続可能な開発のための教育：ESD）などの今日的課題の扱いを充実させることである。新しい学習指導要領には，第3章3－2－（6）で現代的な課題の1例として，「社会の持続可能な発展など」（小学校），「科学技術の発展と生命倫理との関係や社会の持続可能な発展など」（中学校）を載せている。

　こうした課題に関しては明確な答えが出ないもの，1つに答えが絞れないものも多いため，偏った価値観の押しつけとならないように，広い視野から多面的・多角的に考えられる内容にする必要がある。こうした現代的な課題は，さ

36

きの懇談会や中教審において強調されてきた「シティズンシップ教育」や「法教育」とも関連づけながら検討すべきである。

こうした道徳科の指導内容は，学校の教育活動全体で取り組むべき課題ではあるが，道徳科とそれ以外の各教科などにおいて，求められる取組みの相違が明確になるよう示す必要がある。その意味で，これまで重視されてきた専門用語はよりわかりやすく書き改める必要があった。

例えば，これまで学習指導要領において重宝されてきた「補充・深化・統合」という表現は，学習指導要領の第3章第3-2-(2)では以下のように示されている。「各教科，総合的な学習の時間及び特別活動における道徳教育としては取り扱う機会が十分でない内容項目に関わる指導を補うことや，児童生徒や学校の実態等を踏まえて指導をより一層深めること，内容項目の相互の関連を捉え直したり発展させたりすることに留意すること」。これまでと概要は同じであるが，今次の学習指導要領では「統合」の部分が「内容項目の相互の関連を捉え直したり発展させたりする」とした点でより総合的な捉えになったといえる。

❹　子どもの発達段階を踏まえた指導内容

道徳の目標においても子どもの発達の段階を明確に打ち出す必要がある。道徳の内容項目には，子どもの発達の段階を踏まえて，小学校の低学年・中学年・高学年，中学校に分けて道徳的価値内容について体系化・重点化された目標が記述されている。

これまで重視されてきた道徳的心情だけでなく，道徳的な思考力，判断力，実践意欲，態度，問題解決能力，コミュニケーション能力，行動力がどのように発達するのかについて，最新の道徳性発達理論の見地から再構成すべきである。そうした目標に合わせて問題解決的な学習や体験的な学習などに適した指導内容を取り入れるべきである。特に，いじめや情報モラル，生命倫理などのような今日的課題については，発達段階を踏まえて系統的に学習できる内容に

第1部　道徳の理論

工夫する必要がある。こうした今日的な指導内容は，学習指導要領の指導内容と一体化して考えることが求められる。

　学習指導要領の内容項目の性格は，「特別の教科　道徳」はもとより，道徳教育全体において対象として扱う道徳的価値と考えるべきである。その際，内容項目は標記上において「〜すること」というスタイルで掲載してある。この点で，理想を押しつける印象をもたれることもあるが，本来は「行ってほしい行動（目標）」を示しており，子どもに行動目標を自覚させ，学習する機会をもてるように仕向ける教育的効果がある。

　ただし，それぞれの内容項目には道徳的価値が盛りだくさんであるため，1つの文章に多くを詰め込まず，測定できる行動の水準に書き直し，一義的な内容が明確になるように分析して，活動ごとに具体化するべきである。つまり，評価が可能な具体的な目標として内容項目を提示する必要がある。

　例えば，中学校の内容項目の1−（2）で「望ましい生活習慣を身に付け，心身の健康の増進を図り，節度を守り節制に心掛け，調和のある生活をすること。」であれば，少なくとも①「望ましい生活習慣を身に付ける」，②「心身の健康の増進を図る」，③「節度を守り節制に心掛け調和ある生活をする」の3つに区切られる。さらに，「望ましい生活習慣を身に付ける」も抽象的な表現であるため，道徳授業では具体的に「早寝・早起きの習慣をつける」とか「時間を厳守する」などわかりやすい表現に改める。これらを一覧にしてチェックリストを作成して観察するとともに，子ども自身の自己診断に役立てることも考えられる。

　研 究 課 題

（1）関心のある道徳的問題を取り上げ，それはどのような内容項目に関連するか，巻末資料を参考にしながら検討せよ。

（2）その道徳的問題を教材として取り上げて，どのような道徳授業を草案できるか考えてみよう

コラム1　道徳教育への賛否両論

　道徳教育には，昔もいまも賛否両論ある。

　道徳教育への賛成派は，子どもたちの問題行動を嘆き，規範意識を高め，公共の精神を育成しようと考える。特に，いじめ自殺事件や凶悪な少年犯罪が起こると，それらに対応するために自他の生命を尊重することや豊かな人間関係を築くことが強調されてきた。こうした道徳教育は，「徳育」や「心の教育」と言いかえられて，その充実や強化が図られてきた。また，保守的な立場から，「文化の創造」だけでなく「伝統と文化を尊重」することも重視され，特に「我が国と郷土を愛する」ことが強調されてきた。こうした賛成派の見解には，国の将来を担う子どもの成長・発達に配慮しようとする側面だけでなく，国や社会の秩序を保持しようとする側面もある。

　それに対して，反対派は，道徳教育が（戦前の修身教育と同様に）国民を支配者に従属させるための道具であると批判する。こうした国家主義や全体主義に傾倒しがちな道徳教育に対抗して，異質な他者とも共生できる平和教育や人権教育，あるいは民主主義教育を推奨しようとする。また，国家の都合で国民に従属性を求めるような道徳教育に対抗して，国民の主体性や自主性を育成する教育を追求するのである。近年では，個人主義や自由主義（リベラリズム）の見地から，国家による価値観の押しつけを嫌って道徳教育に反対する人々も少なくない。また，保守派のなかには，生易しい道徳教育ではなく，厳正な生徒指導（ゼロ・トレランス）を徹底するよう提唱する者もいる。さらに，偏狭な愛国心を強制されることに反対して，グローバルな見地からシティズンシップ教育を行うよう提唱する人々もいる。

　こうした道徳教育に対する賛否両論をよく見比べながら，われわれ一人一人が道徳教育のあり方を真摯に考えていかなければならない。

第1部

第4章 道徳性の発達理論

　道徳教育の目標は，子どもたちの発達課題を解決し，道徳的な成長を援助することにある。そのためには，心理学の見地から道徳性が発達していくメカニズムを根本的に理解し，その発達を支援する具体的な教育方法を用いる必要がある。そこで本章では，フロイトの精神分析の見地からみた自我の発達観，ピアジェやコールバーグの道徳性発達理論をそれぞれ解説する。

❶ 精神分析からの道徳性発達理論

　フロイト（Sigmund Freud）は，神経症の原因を追究する医学的な立場から人間の精神を分析していった。彼は人間の心の構造を「無意識─自我─超自我」に分けて，精神分析学的な見地から道徳性の発達段階を説明した。

　まず，無意識とは，はっきりした意識がなくて何かをする状態である。フロイトはこの心の領域を「エス」と呼ぶ。エスとは意識されないため，概念的に定義するのは困難であるが，ともかくあり余るほどエネルギーをもって行動を駆り立てる原動力のことである。ここでは快楽原則によって自らの欲求を満足させようとするため，善悪の価値判断はない状態にある。

　次に，「自我（エゴ）」とは，エスの一部分が外的世界との接触によって抵抗を受け，エスから分離してできたものである。自我は，エスからの欲求に対して，現実原則をわきまえ，理性と分別によって思考し，自分を統率する。

　第3に，「超自我（スーパーエゴ）」とは，自我から生じたもので，自我を断罪したり監視したりする。超自我は，道徳的な立場で良心として自我を裁く。上述した自我は，超自我によって裁かれることで罪悪感をもつようになる。超自我は，自我理想をつくり出して，自我にそれを提示する。

第4章　道徳性の発達理論

　子どもは，はじめエスの無道徳な状態で，快楽原則に則って衝動的に行動するが，後に両親の「愛の表示による許容」と「罰による威嚇」とによって教育される。両親からの罰は恐怖であり，愛情を失う恐怖にもつながる。この恐怖から子どもは不安をもつようになり，この不安が徐々に内面化されて自分を自分で罰するようになる。超自我は，両親だけでなく教師や兄弟や友達など自分より優位に立つ外的権威から影響を受ける。この自分を監視し処罰する内面化されたのが良心である。自我は道徳的であるように努力し，超自我は過度に道徳的である。そのため，超自我を適切に形成することが，道徳性を発達させることになる。

❷　デューイの道徳性発達理論

　道徳性の発達段階をもとに道徳教育のあり方を検討した初期の思想家たちの1人に，進歩主義教育思想を提唱したデューイ（John Dewey）がいる。彼は道徳教育論において道徳性の発達に注目し，道徳性を「前道徳（慣習以前）レベル」，「慣習的な行動レベル」，「自律的な行動のレベル」の3つに分けて検討することを提案している。

　まず「前道徳レベル」とは，生物的・社会的衝動や本能に動機づけられて，欲望や快・不快で物事を判断し，行動の結果だけ見て道徳的な意味を考えている状態である。次の「慣習的な行動レベル」とは，個人が自分の本能や衝動を抑制して集団の基準を尊重するようになる状態である。ただし，個人は主体的には判断せず，自己の集団の基準（規範）をほとんど無批判に受け入れている状態にある。そして最後の「自律的行動レベル」では，目的が善であるかを自ら考え主体的に判断し，自己の集団の基準（規範）に対しても反省的な考察を加えて熟議できるようになる状態である。

　デューイは，少しずつレベルを引き上げ，民主主義社会を形成するうえで必要な資質・能力を育成するために，問題解決学習を有効利用したのである。

41

第1部　道徳の理論

❸　ピアジェの道徳性発達理論

　このような道徳性の発達理論を，発生的認識論の立場から独自に展開したのがピアジェ（Jean Piaget）である。彼は，知の個体発生としての認知発達と，知の系統発生としての科学史とを重ね合わせて考察する立場である。

　ピアジェは子どもの認識発達を次の4つの時期に分けている。第1の「感覚―運動期」は，生まれてから2歳までの時期で，まだ言葉が十分に話せず，感覚と運動能力の行使に限られている。第2の「前操作期」は，2歳から7歳までの時期で，言語が発達するとともに思考も発達するが，まだ自己中心的で，大人と同じような概念は成立していない。第3の「具体的操作期」は，7歳から11歳までの時期で，四則計算の暗算など具体的な事物によって論理的に思考することができるが，抽象的な推論はまだできない。第4の「形式的操作期」は，11歳から成人までの時期で，論証の形式と内容を分け，形式的に抽象概念を用いて議論したり，仮説検証的に推理したりできるようになる。

　こうした認知発達の過程を踏まえ，ピアジェは道徳性の発達が「規則の体系」を認知するとともに，その規則をどれほど尊重するかにかかっていると考えた。そこで，ピアジェは子どもが規則を尊重する仕方を実証的に明らかにするために，子どもたちのマーブル・ゲーム（一種のビー玉遊び）について観察と面接を行った。ここでピアジェは，子どもの道徳的行為それ自体ではなく，道徳的判断における「規則の実践」と「規則の意識」に注目している。

　まず，「規則の実践」を4つの段階に分けている。第1段階は，生まれてから2歳までの時期で，規則に対する義務意識はなく，自分の欲望のままにマーブルをもて遊ぶだけである。第2段階は，2～5歳の時期で，まだ自己中心的であり，すでにでき上がっている規則の例を模倣するが，それを自分流に利用して1人で遊んでいる。第3段階は，7～8歳の時期で，初期の協同が生じ，規則を踏まえて友達と協力したり競争したりするが，規則を変えることはほとんどない。第4は，11～12歳の時期であり，規則を制定し，真に規則を尊重

第4章　道徳性の発達理論

するようになる。守るべき規則を仲間全体に知らせるとともに，仲間の合意によって規則を柔軟に変えることもできる。

　次に，子どもに新しい規則を工夫することができるかを尋ねることで，「規則の意識」を3つの段階に分けている。第1段階は，生まれてから4歳までの時期で，純粋に個人的な段階で，規則を自動的に受けとめている。第2段階は，自己中心的段階の頂点にある4歳から9歳までの時期で，規則は大人から与えられる永続的なものと考えている。第3段階は，9〜13歳（平均10歳）の時期で，ゲームの規則は相互の同意に基づくきまりごとであり，それを尊重する必要があるが，相互の合意に基づいて規則を変えることもできると考えている。客観的に責任を考え，動機から公平性や合理性を判断するようになる。

　こうした観察と面接から，ピアジェは子どもの意識が社会的協同の経験を通して，個人的な規則から協同の規則へと進み，強制の意識から合理化の意識へと進み，拘束された他律的な道徳から自律的な道徳へと進むことを明らかにした。こうした活動を通して，子どもは相互尊敬と連帯性を身につけ，生来の社会的・道徳的な自己中心主義から抜け出し，子ども同士の考えを比較検討し，漸進的に同意に達し，自分の行動を他者の行動と調整するようになり，権威への一方的な服従から仲間同士の相互尊敬へと向かうようになる。

　また，ピアジェは次のような道徳に関する問題を子どもに尋ねることで，子どもの道徳的判断を観察している。

問1：ジャンは食堂に入ったとき，過失で皿を15枚も割ってしまった。アンリはジャムを盗もうとして，かたわらのコップ1個を落として割ってしまった。この場合，どちらが悪いだろうか。

問2：アルフレッドは貧乏な小さい友達のためにパンを盗んで，その友達にあげた。アンリエットは小さくてかわいいリボンを自分のために盗んだ。どちらが悪いだろうか。

　これらの問題に対して10歳までの子どもの答えは，大きく2つに分かれる。まず，行為を結果の重大さだけで判断する答えがある。例えば，ジャムを盗もうとしてコップを1個割るよりは，過失であっても皿を15枚も割ったほうが

43

第1部　道徳の理論

悪いと判断する。また，小さなリボンよりはパンを盗んだほうがより悪いと答える。次に，行為を動機によって判断する答えがある。例えば，ジャムを盗もうとしてコップを1個割ったほうが悪いと判断する。なぜなら，それは動機がよくないからであり，皿を15枚割ったのはわざとではないからである。また，盗みに関しては，人のためにパンを盗むよりは，自分のためにリボンを盗むほうが悪いと考える。前者のように客観的な結果だけを重視するのは平均7歳であり，年齢が上昇するにつれて減少し，平均9歳くらいから後者のように動機を重視するようになる。

　こうしたピアジェの研究では，道徳的判断の発達と認知構造の発達が並行しており，認知の発達に応じてより複合した展望において抽象的な道徳の問題を考えられ，より均衡した道徳的判断を下せるようになることが明らかにされた。

❹　コールバーグの道徳性発達理論

　ピアジェの理論を発展させて，独自の発達理論を構成したのがコールバーグ（Lawrence Kohlberg）である。彼は道徳性の発達には，知的水準を表す「認知能力」とともに，「役割取得能力」に注目する必要があると考えた。

　ここでコールバーグのいう「認知能力」とは，世界を知り，自分と世界との間の適応を図る（均衡化する）知的な能力である。認知能力が発達するメカニズムとしては，子どもがすでに獲得している「シェマ（認識の枠組み）」と矛盾する不均衡な問題に直面すると，そこでの均衡を回復するために，既存のシェマに基づいて外界の情報を取り入れて同化したり，既存のシェマを変更して調節したりする。そのような経験を繰り返すことで，認知構造の質的変換が起こり，道徳的原則が再構成され，道徳性の発達が促されることになる。一般に，新しい経験に対して調節できる認知能力には限界があるため，現行の道徳段階より1つだけ上位の内容へと調節することになる。

　次に「役割取得能力」とは，自分の考えや気持ちと同等にその人の考えや気持ちを推しはかり，それを受けいれ，調整してそれらを対人交渉に生かす能力

である。役割取得能力は，認知能力の発達に応じて，自分が自分自身を大切に
するように，自分以外の他者をも大切に扱うことができるようになり，人間関
係が広がるとともに，社会認識の発達や道徳判断の向上にもつながってくる。
例えば，道徳的な問題状況（モラル・ジレンマ）では，「あなたの要求」対
「私の要求」，「思いやり」対「社会規範」のように，競合する諸要求の対立に
関する内容を扱っている。この種のジレンマを理解し解決するうえで，他者の
立場をあわせて考える程度と深さは，役割取得能力の発達に依存している。
　コールバーグはこうした道徳性の発達段階を以下の3つの水準と7つの段階
に分けた。それぞれの水準と段階の内容は以下の通りである。

コールバーグによる道徳性発達段階

水準	段階
Ⅰ　前慣習的水準 　道徳的判断は自己中心的活動の反映である。	0．自己欲求志向 　自己の願いが叶うならば，それはよい行いである。 1．罰回避と従順志向 　道徳的基準は外的，他律的で自己の行為の外的な結果が人から褒められるか，罰せられるかで決められる。 2．道具的互恵主義志向 　自己の欲求や利益を充足するのに役立つかぎりにおいて道徳的とする。
Ⅱ　慣習的水準 　社会的賞賛と非難に関する期待によって判断する。統制された役割への同調として判断する。	3．よい子志向 　他人から褒められることを志向し，他人とよい関係をもとうとする方向で道徳的判断がなされる。 4．法と社会秩序志向 　義務を果たし，権威を尊重し，社会的秩序を維持するために，伝統的な権威による罰を避けるように同調するなかで道徳判断がなされる。

Ⅲ　慣習以降の水準	5．社会契約と法律的志向
慣習にとらわれた判断を超えて，自律的かつ原則的に判断する	正しい行為は，個人的権利を考慮しながら，かつ社会全体から承認されるような形で判断される。
	6．良心または原理への志向
	社会的規制に合致するだけでなく，論理的普遍性と一貫性に照らして，自己選択した原則に合うかを判断していくなかで良心が働く。

　こうしたコールバーグの道徳性発達段階では，子どもの認知能力の変化は，認知構造の変化を意味し，それを通して役割取得能力の発達にいたることを示している。子どもの認知能力が，自分のことしか考えられない段階から，身近な他人の立場であれば考えられる段階，集団や社会のことを考えられる段階，社会契約や法律を考えられる段階，普遍的原理を考えられる段階へと向上し，徐々に役割取得能力が発達するとともに，道徳性も発達することになる。

❺　道徳性発達理論と学習指導要領

　以上のような道徳性発達理論は，わが国の学習指導要領にも取り入れられている。学習指導要領の解説でも「道徳性の発達」には，次のように記されている。例えば，子どもの道徳性が，他律から自律へと発達し，主観的で一面的な見方から客観的で多面的な見方へと発達するという認識は，他者の指示や命令に従うことから自ら思考し主体的に判断し行動することへ向かい，また狭小な自己中心性から多様で異質な他者を尊重する社会性や人間性へと向かうことを意味している。これは学習指導要領で重視されている「生きる力」の道徳的側面を心理学的に根拠づけるものともなっている。

　コールバーグの道徳性発達段階は，人間の道徳性発達の一面を扱っているにすぎないという批判もある。例えば，ギリガン（Carol Gilligan）は，男女では道徳性の発達が異なることを指摘した。コールバーグは，発達とは「自律」に向かうものであり，自他を分化し「独立した一人の個人になる」と考えたが，

ギリガンは，女性の場合，他者と関係をもつことを志向しつづけると考えた。また，コールバーグは状況を客観的，合理的に判断できるようになることが認知的発達とみるが，ギリガンは女性の場合，他者に配慮（ケア）し他者を傷つけないことを義務として捉え，「責任の成就」になると考えた。ギリガンが考える「配慮と責任の道徳性」の発達段階は以下のとおりである。

ギリガンによる「配慮と責任の道徳性」の発達段階

レベル1	個人的生存への志向
	自分の生存のために自分自身に配慮する。
移行期1	利己主義から責任性へ
	自己の欲求と他者とのつながりを大事にする。
	責任への志向との葛藤が現れる。
レベル2	自己犠牲としての善良さ
	ステレオタイプの女性的な善良さで世界を構成する。
	自己犠牲によって葛藤を解決する。
移行期2	善良さから真実へ
	他者に対してと同様，自己に対しても責任を担うようになる。
	自分がもっている現実の欲求に正直に直面する。
レベル3	非暴力の道徳性
	配慮と責任は自己と他者の両者に向けられる。
	傷つけないことが道徳的選択の普遍的なガイドとなる。

　晩年のコールバーグは，モラル・ジレンマの道徳授業に対する批判やその限界を見すえたうえで，1970年代前半からは教育における正義とケアの調和を図るとともに，「学校の道徳的雰囲気を変えることによって個人の行為を変えること」を目的とした「ジャスト・コミュニティ・アプローチ（Just Community Approach）」を掲げ，実際に高校教育の改革にも従事していった。こうした教育には，民主的な学校や学級の風土という公正で道徳的な環境整備が必要不可欠である。

第1部　道徳の理論

❻　道徳性発達段階と判断基準

　道徳的な解決を考え議論する際の動機と結果を踏まえた総合的な判断に注目
し，以下のように発達段階を設定することもできる。問題解決的な学習などを
行う際に子どもの道徳性の判断基準として活用することもできるだろう。

①**本能的に苦痛を避けて快楽を求める**

　本能や衝動のレベルで物事を判断し，結果についての考察がない。自分にと
って不快や苦痛であれば悪いことであり，自分の欲求や願望が満たされればよ
いことであると考える。権威者や強者からの命令にも反抗または拒否する。

②**他律的に罰を回避して報酬を求める**

　権威者や強者から叱られたり罰せられたりすることを悪いこととして回避し，
褒められたり報酬を与えられたりすることをよいこととして求める。権威者や
強者には服従し，他律的に価値を判断し従属する。

③**自律的に目先の苦痛を避けて目先の利益を求める**

　自分の目先の欲求や権利を優先して，短絡的かつ打算的に価値を判断し自律
的に行動する。権威者や強者の命令には従うが，身近の他者や弱者の欲求や権
利にはあまり配慮しない。

④**自分だけでなく仲間の欲求や権利を尊重する**

　自分や権威者の欲求や権利だけでなく，自分と同質の仲間（例えば同年齢や
同性の友達）の欲求や権利も尊重する。仲間の苦痛を自分の苦痛のように共感
して同情し，仲間のために積極的に行動できる。ただし，弱者や異質の他者に
は十分な配慮ができない。

⑤**仲間集団の秩序・安定を尊重する**

　自分が仲間と相互依存の関係にあることを理解し，仲間集団の幸福のために
進んでよいことを行う。仲間集団の秩序や安定を尊重し，自分の行動を仲間集
団のルールに合わせて調整できる。ただし，集団に同調するあまり，集団に従
属して行動することも多い。

⑥**身近な弱者や他者の欲求や権利を尊重する**

仲間の気持ちを親身になって思いやれるようになる。身近な弱者（年少者・高齢者・身障者など）や他者（異性の友達・ライバル・ほかのグループやクラスなど）の欲求や苦痛を理解し，彼らの欲求や権利を尊重し，公平な解決策を考えることができる。

⑦**学校や地域社会の秩序と安定を尊重する**

同じ学年，学校，組織，地域社会に所属する不特定多数の人々にも気づかい，互いの立場や考え方を尊重する。自分の言動が所属する社会集団や組織に与える影響を考え，社会のルールや法律を遵守し，社会の秩序・安定を尊重して思慮ある行動ができる。

⑧**未知なる他者の欲求や権利を尊重する**

未知なる他者（国内外にいる見ず知らずの人々，動植物など）の個性や多様性を理解し，彼らの欲求や苦痛をも共感的に理解し，寛容な互助の精神をもって公平に相互の尊厳を尊重する。創造的かつ個性的な活動ができ，慈善的なボランティア活動に心から従事する。

⑨**グローバルな社会の秩序と安定を尊重する**

グローバルで歴史的な視点から社会制度や世界情勢を広く理解し，法律や倫理の原則を根源的に理解する。自他を超えた大いなる存在（自然，宇宙，神仏など）に畏怖の念をもち，自分も生かされていることに深謝する。公共の福祉のために自分の果たすべき使命を悟り，民主的で平和な社会づくりに貢献する。

研 究 課 題

（1）道徳性の発達と道徳科の内容項目にはどのような関係があるだろうか。
（2）コールバーグとギリガンの違いについて自分の考えを述べてみよう。
（3）わが国にはどのような道徳の判断基準があるか。

● 第1部 ●

道徳性発達理論に基づく道徳教育

❶ 道徳性発達理論と道徳授業

　前章（第4章）で取り上げたコールバーグは，道徳性発達理論に基づきモラル・ジレンマの道徳授業を開発し実証的な研究を行っている。

　コールバーグによれば，子どもたちは道徳的な葛藤状態（モラル・ジレンマ）に直面し，登場人物に関する役割取得の機会を経験するとともに，仲間との討論を通して自己の考え方を整理し，より価値的に高い理由づけを個人の責任において獲得していく。前節でみた道徳性発達理論を踏まえて，子どもの過去と現在の道徳性を理解するとともに，将来の道徳性の発達を見すえて道徳授業を組織的，計画的に行うことが必要になる。

　モラル・ジレンマの道徳授業では，まず子どもに道徳的な葛藤場面を与え，それについて深く考え，主体的に判断する機会を提供するところから始まる。この道徳的判断の基準としては，大別して「普遍化の可能性」と「指令性」がある。「普遍化の可能性」とは，いつ，どこでも，だれに対しても適用されうることである。「指令性」とは，私的な欲求や好みを超えて，何らかの行為をするように指示・命令し，義務づける要素を含んでいることである。この2つの見地から，子どもの道徳的判断の正当性を確認することができる。

　また，モラル・ジレンマの道徳授業では，発達段階の評価基準に基づいて子どもの道徳性を評価することができる。明確な評価基準をもつことによって子どもの発達段階を確認するとともに，道徳性の発達を促す手立てを考えることもできる。

　次に，モラル・ジレンマの資料として有名な「ハインツのジレンマ」を示す。

50

第5章　道徳性発達理論に基づく道徳教育

「ハインツのジレンマ」(Kohlberg, 1984)

　ヨーロッパである女性が特殊なガンで死にかかっていました。医者によると，この女性を救うには，ただ一種の薬しかありません。その薬は同じ町に住んでいる薬屋が最近開発したもので，ラジウムの一種です。この薬を作るためには，大変お金がかかるのですが，さらに薬屋は，作る費用の10倍の値段をつけています。つまり，彼は400ドルかけて薬を作り，それを4000ドルで売っているのです。この病気の女性の夫ハインツは，薬を買うために知り合い全員にお金を借りにいったり，あらゆる合法的手段を尽くしたりしました。しかし，薬の値段の半分にあたる2000ドルしか借りられませんでした。そこでハインツは，「妻が死にかけているので，薬を安く売ってくれるか，支払いを後回しにできないか」と薬屋に頼みました。しかし，薬屋は，「いやです。この薬を開発したのは自分だし，この薬でお金を稼ごうと思っているのだから売れません」と断りました。ハインツは，あらゆる合法的手段をすでに試みていたので，途方にくれ，薬屋の店に忍び込んで，妻のために薬を盗み出そうと考えています。

　コールバーグは以下のような教師の発問を設定している。

問1：ハインツは薬を盗むべきだったのですか。それはどうしてですか。

問2：ハインツが薬を盗むのは，ほんとうに正しい（間違った）ことですか。

　ここで重要なのは，「盗むか」「盗まないか」という判断の結果ではなく，その判断をした理由や根拠である。後にコールバーグは，死にかけている病人が「ハインツの妻」ではなく，「世話になった人」や「かわいがっている犬」である場合を仮定して，回答に対する普遍化の可能性を尋ねる改訂版も出している。

　このモラル・ジレンマでは，生命，法律・規則，対人関係，所有権，良心，権威，市民権・秩序などの価値と関連しているため，1つの価値に限定することはできない。前節の道徳性発達段階（p.45）に照合してみると，段階1では，盗んだ後の罰を考えて判断する。段階2では，盗んだことで得られる損得で判断する。段階3では，盗んだことで他者から賞賛や非難を受けることを考えて判断する。段階4では，盗みが法や社会秩序に与える影響を考慮して判断する。

51

第1部　道徳の理論

段階5以上では，盗みを社会システム全体と総合的に関連づけ，普遍的な価値や理想を追求して判断する。

　モラル・ジレンマの道徳授業では，単に子どもたちの道徳性を把握するだけでなく，子ども同士の話し合いを通して1つ上位の段階に高まるよう指導することがポイントになる。

❷　公平性発達検査

　公平性の感覚は，どのようにすれば身につけることができるだろうか。単に公正・公平の概念を教え込んでも，公平な判断ができるようにはならない。

　以下，デーモン（William Damon）の開発した公平性発達検査を紹介する。次の資料は，公平性発達検査の日本語版である（荒木，1993）。

課題「チョコレート」

　なかよしのけい子さん，のり子さん，ひろし君，けんじ君が遊んでいると，たくさんの荷物をかかえて困っているおじさんに会いました。おじさんは四人に「みんな悪いけど，荷物運びを手伝ってくれないか？」と言いました。四人は荷物運びを手伝いました。運び終わると，おじさんは，「ありがとう。助かったよ。お礼にチョコレートをあげるから，四人で分けなさい」と言って，五枚のチョコレートをくれました。四人は大喜びでした。さて，四人は五枚のチョコレートを分けなければなりません。どんなふうに分ければよいでしょうか。

登場人物の主張

けい子さん…「私が一番年上だから，私にたくさんちょうだい」
のり子さん…「弟や妹にも食べさせてあげたいから，たくさんちょうだい」
ひろし君…「一番大きな荷物を運んだのはぼくだから，ぼくにたくさんちょうだい」
けんじ君…「ぼくはチョコレートが大好きなんだ。だからぼくにたくさんちょうだい」

　発問：どの分け方がよいと思いますか。それはなぜですか。

52

第5章　道徳性発達理論に基づく道徳教育

公平性の発達段階

段　階	概　要
O－A	行動を起こしたいという欲求から選択する。理由を正当化しようという意図はなく，ただ欲求を主張する（例：それを使いたいから得たい）。
O－B	依然として欲求中心だが，外見的特徴や性などに基づいて理由づけするようになる（例：女の子だから一番たくさんほしい）。目的は変わりやすく，自分を有利にする傾向がある。
1－A	厳密な平等性の概念からなる（例：みんな同じだけもらうべき）。平等は喧嘩や葛藤を避けるものとして考えられる。一方的で柔軟性に欠ける。
1－B	行動の互恵的概念からなる。人は善悪に関してお返しを受けるべきだと考える。メリットや功績の概念が現れるが，まだ一方的で柔軟性に欠ける。
2－A	さまざまな人が存在しているが，人間的価値は等しいということが理解されている。ただ選択理由は主張（争い）を避け，量的に妥協しようとする（例：彼は一番多く，彼女は少し）。
2－B	互恵，平等，公平の真の意味を考える。さまざまな人の主張や状況の特殊性を理解する。したがって，場面により判断理由は変わる。基本的にはだれもが当然，分け前をもらうべきだという考え方である。

課題：「チョコレート」の登場人物で，だれがどの段階にいるだろうか。
解答例：けい子さん…O-B，のり子さん…2-A，ひろし君…1-B，けんじ君…O-A

❸　役割取得検査

　道徳性の発達は，役割取得能力の発達に依存して発達していく。そこで，個人の役割取得の範囲や程度を理解し，その発達を促すことが道徳性を発達させることにつながる。コールバーグは道徳判断が他者に対する共感に基づいていると考え，その際に道徳判断を行う者は「公平な観察者」あるいは「一般的な他者」の観点をとらねばならないと考える。セルマン（Robert L. Selman）は道徳的ジレンマを含む物語を示して，物語の登場人物の立場で，その事態やほかの登場人物の気持ちや考えを推論する課題を行い，役割取得能力の質的な違

53

第1部　道徳の理論

いに基づいて道徳判断の基礎にある社会的視点取得能力の発達段階を想定し，それをコールバーグの道徳性発達段階と対応づけている。ここでは，セルマンが作成した「ホーリーのジレンマ」を紹介する。

「ホーリーのジレンマ」(Selman,1976：荒木, 1993)

> 　ホーリーは木登りが好きな8歳の女の子です。彼女は近所で一番木登りが上手でした。ある日，高い木から降りようとして，木から落ちてしまいました。しかし，ケガはありませんでした。ホーリーが木から落ちるのを見ていたお父さんは，びっくりしてホーリーをきつく叱り，これからは木登りをしないと約束するように言いました。ホーリーは約束しました。
>
> 　何日かして，ホーリーと彼女の友達がショーンに会いました。ショーンの子猫が木にはさまれて，降りられなくなっていました。すぐにどうにかしなければ，子猫は落ちてしまいます。子猫を下ろしてやれるのは，木登りの上手なホーリーしかいません。でも，ホーリーはお父さんとの約束を思い出しています。

　この話に対してセルマンは次のような役割取得の質問を設定している。

問1：ホーリーはショーンが子猫をどう思っているか知っていますか。

問2：もしホーリーが木に登ったことをお父さんが知れば，お父さんはどんな気持ちになるでしょう。そのとき，ホーリーはお父さんがどうするだろうと考えますか。

問3：このような状況で，あなたはどうしますか。

　これらの質問に対する答えから，以下のような発達段階を把握できる。

段階0－A／自己中心的な視点　他人の表面的な感情は理解するが，自分の感情と混同することが多い。同じ状況であっても，自分と他人とでは違った見方をすることに気づいていない。木に登って子猫を助けたいホーリーの気持ちと木に登ってほしくないお父さんの気持ちを区別できない。

段階0－B／自己中心的な視点　ある程度まで相手の気持ちを理解できるが，相手の心の奥にあるほんとうの気持ちまでは理解できない。ホーリーに木登り

54

第5章　道徳性発達理論に基づく道徳教育

をしてほしくない父親の心配にまでは考えが及ばず，ただ「約束したから」あるいは「叱られるから」という外的な理由で判断する。

段階1／主観的役割取得　与えられた情報や状況が違うと，それぞれ違った感情や考えをもつことはわかるが，ほかの人の立場に立って考えることができない。お父さんの気持ちはホーリーの気持ちと違うことはわかるが，お父さんの視点からホーリーの行動を判断することはできない。

段階2／自己内省的役割取得　自分の考えや感情を内省することができるとともに，ほかの人が自分の思考や感情をどう思っているかを理解することもできる。ホーリーの視点に立ちながらも，父親が自分の行動についてどのように考えるかを理解することができる。

段階3／相互的役割取得　第3者の視点を想定できる。人間はお互いにお互いの考えや感情を考慮して行動していることに気がつく。ホーリー，父親，ショーン，猫など複数の立場を同時に考慮して，解決策を考えることができる。

❹　道徳性理論を道徳教育に活用するうえでの留意点

モラル・ジレンマの道徳授業は，道徳的問題の解決を自ら考え主体的に判断することで，道徳性の発達を促すという点で画期的である。こうした道徳授業は，わが国の学習指導要領にも対応している。2008（平成20）9月の小・中学校『学習指導要領解説　道徳編』の「道徳性の発達と道徳教育」に関する項目には次のように記してある。

「人間は，友達や周りの人々に親切にしなければならないと分かっていても，心が動かないこともあるし，それを態度化し，行動に移せないこともある。また，人間を尊重するといっても，意見や感情などの対立がある場合にどうするのかといった問題も出てくる。こうした個々の具体的な状況に即して内容的な葛藤や感動などを体験し，道徳的価値の自覚を深めていくことによって道徳性が発達する。したがって，道徳性の発達には，人間らしさを表す道徳的価値にかかわって道徳的心情や判断力，実践意欲と態度などをはぐくみ，それらが一

55

第1部　道徳の理論

人一人の内面に自己の生き方の指針として統合されていくような働き掛けを必要とする」。

　従来のわが国の道徳授業は，読み物資料の登場人物の心情を共感的に理解することで，道徳的心情を育成しようとする傾向が強い。それに対して，モラル・ジレンマの道徳授業は，登場人物の立場に立って道徳的な問題解決に取り組むことで，道徳的判断力を育成することができる。また，学習指導要領では「道徳の時間に関して数値などによる評価は行わないものとする」とあるため，子どもの客観的な道徳性を理解せず，教師の主観的な思い込みで場当たり的な指導をすることがある。この点でも，モラル・ジレンマの道徳授業では，認知発達段階に基づいて子どもの道徳性を客観的に把握したうえで，その指導法を具体的に決めることができる。こうした意味で，モラル・ジレンマの道徳授業は，従来の心情主義的な道徳授業の不足部分を補充することができるといえる。

　ただし，こうしたモラル・ジレンマの道徳授業にもいくつか留意すべき点がある。まず，子どもたちの多様な価値を引き出すだけで終わってしまったら，楽しく面白い授業であっても道徳教育上の意義は乏しい。それゆえ，この授業では，道徳性が低い段階にいる子どもを1つ上の段階へと引き上げる手立てが必要不可欠になる。

　次に，モラル・ジレンマの道徳授業ではオープンエンドで終わることが多いため，何が正しくて何が間違っているのかがわからず，価値相対的になりがちな点である。これは子どもたちの判断の理由づけのみに注目し，判断した内容自体を問わないためである。これでは道徳的判断力がいくら高い段階に位置づけられたとしても，その行為が社会通念上において悪事（例えば万引きやカンニングなど）であれば承認できないことになる。

　第3に，モラル・ジレンマの道徳授業だけでは道徳性を総合的に高めることはできないという点である。そもそもコールバーグは子どもの道徳性に関する認知発達を研究するためにモラル・ジレンマの授業を開発したわけだが，それだけでは道徳的な態度や実践意欲を育成することはできない。ここには道徳的判断力を日常の道徳的実践力といかに結びつけるかという課題が残る。

コラム2 「和を以て貴しと為す」日本で「考え議論する道徳」

わが国の学校教育において,「考え議論する道徳」は可能だろうか。日本人は基本的に過去の伝統や文化を重んじるため,戦後の道徳教育の諸事情で確立された「心情の読み取り道徳」を後生大事にすること自体に美徳を感じる傾向が強い。また,「長いものには巻かれろ」と目上の権力者や多数派に同調し,本音と建前を巧みに使い分け,事を荒立てず強く自己主張しない国民性が,「和を以て貴しと為す」精神文化を醸成している面もある。それゆえ,いったん確立した心情主義や徳目主義の道徳教育に反対することが許されない雰囲気がある。

また,臨時教育審議会以来の「主体性のある日本人」を育成することが道徳教育の目標に掲げられたとしても,そうしたほんとうの主体性を日本人にもたせることに拒絶感や危機感を募らせる傾向が一方には根強くある。統治者側にとっては,自ら考え主体的に判断し問題解決する日本人より,「由らしむべし知らしむべからず」という従属的で無批判な日本人の方が管理統制しやすい。学校管理上でも「子どもが主体的に考え判断したら混乱して授業が成り立たなくなるので,未熟な子どもは教師の指示に黙って従わせればよい」という考えも根強くある。

たしかに「考え議論する道徳」の授業では,子どもが偶発的にさまざまな発言をするため,臨機応変に対応する教師の力量や技量が求められる。それよりも,すでに強固に確立した心情主義の道徳教育を年間指導計画に即して系統的に形式的に指導していたほうが,簡単で効率的なのかもしれない。しかし,こうした組織の歯車の一部になってひたすら計画どおりに授業をするだけでは,教師の精神は機械化され生気を失っていく。また,そうした形式的で主体性を発揮できない授業を受けた子どもは,主体的に問題を解決する「生きる力」など育むことはできない。

子どもが主体性をもって考え判断し，表現するための指導法にするためには，教師と子どもが問題解決に向けて協働探究し，子どもの自尊感情や自己肯定感を高め，他者を理解し尊重する授業にするべきであろう。こうした日常生活と結びついた問題解決的で協働探究的な学びが深まれば，学業成績面も向上するとともに，生徒指導上の問題も徐々に消失することが実証されている。

　本来，わが国には単なる抽象的な観念（徳目）に拘束されることなく，その観念（徳目）を日常の行為や実践に適用して，その有効性や実用性から真理を捉えようとする伝統文化が古来よりあった。例えば，伊藤仁斎や荻生徂徠に代表される「古学」は，朱子学の合理主義を拒絶し，孔子の教えを日常的な生活経験に照らし合わせ，省察することで実践的道徳を身につけようとした。また，実学を提唱した福澤諭吉は『徳育如何』のなかで，「周公孔子ノ道ヲ説キ漢土聖人ノ教ヲ以テ徳育ノ根本ニ立テテ，一切ノ人事ヲ制御セントスル」儒教主義を批判し，道徳教育は自主独立の「公議輿論」に基づいたものであるべきだと主張している。

　そもそも「和を以て貴しと為す」という聖徳太子の言葉でさえ，単なる迎合主義や事なかれ主義を説いたわけではなく，相互に尊重し合い議論し合うよう説いたものである。十七条憲法の第1条で，「和」を何よりも大切なものとしたのは，「人は徒党をつくりたがり，悟った人格者は少ない」から「上の者が温和になり下の者も親睦を図って議論」することを勧めているのである。また，第10条には「人が自分の意見と違うからといって怒ってはならない」，第17条には，「重大な事柄は一人で決定せず，必ず多くの人々とともに議論すべきである」としている。このように，ときの権力者であった聖徳太子でさえも，独裁的に決定することを戒め，ほかの人々と自由闊達に議論することを尊重する「和」の国を築こうとしたのである。逆に，十分な議論をすることもなく，権力者が情に訴えて強引に話をまとめ上げ，同調圧力で反対意見を封じ込めてしまうような心情主義・形式主義のやり方こそ厳しく戒めたのである。

近年，わが国でも日本版の参加型民主主義，協議的民主主義，そして熟議民主主義がようやく根を張り定着しようとしている。そうした民主主義社会を担う市民を育てるためにも，子どもが協働で探究し自由闊達な話し合いを続けるとともに，その過程でたえず自己省察や自己評価を行うことで，道徳的成長を遂げていくことが大切になるのである。

第1部

第6章 日本における道徳教育の歴史

　道徳を「特別の教科」として教育課程に新たに位置づける際に最も議論になったのは、「戦前の修身科（修身教育）を復活させることにならないか」、「従来の道徳の時間と代わり映えしないのではないか」ということであった。

　「考え議論する道徳」は、こうした戦前の修身科や戦後の「道徳の時間」に共通する徳目主義や心情主義という古い体質から脱却することを目指している。その歴史的な意義を理解するためには、わが国特有の歴史的な経緯をていねいに辿る必要がある。

❶ 戦前の修身教育

（1）修身科の誕生

　わが国の近代の学校教育においては、教師が子どもに知識や技能を計画的かつ発展的に伝達し、優秀な人材を効率的に育成することを重視してきた。こうした学校教育の管理統制を強化するために利用されてきたのが修身教育であった。そこで、この修身教育が確立されていく歴史的経緯を概観しておきたい。

　まず、1872（明治5）年に「学制」が頒布され、文部省が「小学教則」を示した。このとき、修身は教科配列で読書・習字・地理・歴史・公民に次ぐ第6番目におかれ、最初の2年間に週1,2時間だけ授業が設置された。

　その後、1879（明治12）年に出された「教学聖旨」では、教育を「仁義忠孝」の教育と「智識才藝」の教育に分け、「仁義忠孝」を明らかにする道徳教育が優先されるようになった。

　さらに、1880（明治13）年の「改正教育令」では、統制の再強化と道徳教

育が重視されたため，修身科はこのときから筆頭教科として格上げになった。1881（明治14）年に制定された「小学校教則綱領」では，全学年に修身科をおき，「徳性ヲ涵養」し「作法ヲ授ケ」ることになり，初等科・中等科では週6時間，高等科では週3時間の授業時数が設置された。同年に出された「小学修身書編纂方大意」では，小学校の教育目標は，「尊王愛国ノ心」の養成にあり，「信用・謹慎・畏敬・愛望」などの感覚を誘導することと規定している。授業形態は，「小学ノ修身科ハ謡読ト口授トヲ兼用」し，「修身教科書ハ生徒ヲシテコレヲ暗謡セシム」と規定している。

　このようにわが国では，戦前・戦中期に「儒教道徳」の「忠孝」を基本として，「尊王愛国の心」を育成するための修身教育が行われてきた。ここでいう「儒教道徳」とは，天皇への忠誠心を国民にもたせ，尊王愛国の心をもつ国民を育成するための思想である。当時，政府は，民権拡張を主張する自由民権運動を抑え，中央集権的な政治体制を確立するために，儒教道徳の「忠孝」を修身教育で普及・徹底させようとしたのであった。

（2）教育勅語と修身科

　当初，修身科では教科書を用いず，教師が「内外古今人士の善良の言行」を子どもに「談話」（口授）し，教師は「自ら現行の規範」となって子どもを感化教育し指導する方針をとっていた。その後，1890（明治23）年に「教育勅語（教育ニ関スル勅語）」が発布されると，それを普及・徹底させるために翌年より修身の授業でも教科書を用いるように通達があり，「小学校修身教科用図書検定基準」に基づいて修身教科書が次々に刊行されることになった。以下に，修身教科書の基準となった「教育勅語」の内容を確認しておこう。

　朕惟フニ，我カ皇祖皇宗國ヲ肇ムルコト宏遠ニ徳ヲ樹ツルコト深厚ナリ。我カ臣民，克ク忠ニ克ク孝ニ，億兆心ヲ一ニシテ世々厥ノ美ヲ濟セルハ此レ我カ國體ノ精華ニシテ教育ノ淵源亦實ニ此ニ存ス。爾臣民，父母ニ孝ニ兄弟ニ友ニ夫婦相和シ，朋友相信シ，恭儉己レヲ持シ，博愛衆ニ及ホシ，學ヲ修メ業ヲ習

第1部　道徳の理論

> ヒ以テ智能ヲ啓發シ，德器ヲ成就シ，進テ公益ヲ廣メ，世務ヲ開キ，常ニ國憲
> ヲ重シ，國法ニ遵ヒ，一旦緩急アレハ義勇公ニ奉シ以テ天壤無窮ノ皇運ヲ扶翼
> スヘシ。是ノ如キハ，獨リ朕カ忠良ノ臣民タルノミナラス，又以テ爾祖先ノ遺
> 風ヲ顯彰スルニ足ラン。　斯ノ道ハ，實ニ我カ皇祖皇宗ノ遺訓ニシテ子孫臣民
> ノ倶ニ遵守スヘキ所，之ヲ古今ニ通シテ謬ラス之ヲ中外ニ施シテ悖ラス。朕爾
> 臣民ト倶ニ拳々服膺シテ咸其德ヲ一ニセンコトヲ庶幾フ。

　天皇が国民に発した意思表示としての「教育勅語」は，国民に一元的な価値
観を教示するものとして，道徳教育の絶対的な基準となった。こうして教育勅
語の精神だけが唯一絶対的なものとして支持されると，従来の人格教育論や文
化教育論は思弁的なものとして否定され，あらゆる教育上の方策が国家主義の
方針によって強化されていくことになる。こうした教育勅語に対応させた修身
の教科書は，諸々の徳目を計画的かつ発展的に設定し，その徳目を説明するに
適した例話や寓話を掲載している。

　1903（明治36）年に刊行された尋常小學修身書（第1期国定教科書）で具
体的に見てみよう。例えば，第2学年では，母親の恩に感謝する「オカアサ
ン」，生き物（ペット）に対するいじめを禁ずる「イキモノ」，公共の場で迷惑
行為を禁ずる「キソク」など，一般的に通用する徳目が並べてある。その一方
で，敵の前で進軍のラッパを吹いて戦死したキグチコヘイ（木口小平）が，死
んでもラッパを口から放さなかったという美談や水雷艇が闇の晩に敵の軍艦を
打ち沈めたという武勇伝が，「ユーキ（勇気）」という徳目で教えられている。
また，日の丸の旗を称揚したり，陸海軍の大演習を視察する天皇に御恩を感じ
るよう促したりする項目もある。子どもはこうした道徳的価値（徳目）を表現
した物語について共感的に理解して（ときに涙を流すほど感動して），その道
徳的価値を内面化するとともに，その価値に基づいて行動することが求められ
る。

　なお，上述した木口小平の話は，第1期国定教科書では「勇気」という徳目
で提示されたが，第2期国定教科書では「忠君」，「愛国」，「義勇」という徳目

第6章　日本における道徳教育の歴史

オタケノ オトウト ガ、ヨナカニ、ナキダシマシタ。オカアサンハ、ダキアゲテ、イロイロト、ナグサメテキマス。オカアサンノ ゴオンヲ、ワスレテハ ナリマセン。

「オカアサン」より

ヒトリノ コドモ ガ、ドテニ、ノボリマス。トモダチガ、タテフダヲ ミテ、ソレヲ トメテキマス。キソクニ シタガハネバ ナリマセン。

「キソク（規則）」より

リマス。テンノーヘイカノ ゴオンヲ オモハネ バ ナリマセン。

ダイ二十四

キグチコヘイ ガ、テキノ チカクデ、スコシモ オソレズ、三ド マデ、イサマシク、シングン ノ ラッパヲ フキマシタ。ソノタメ、ワガ グンハ、ススンデ、アキヲ

「ユーキ」より①

ウチャブル コトガ デキマシタ ガ、コヘイハ、タマニ アタッテ、タフレマシタ。アトデ ミタラ、コヘイハ、ラッパヲ クチニ アテタママデ、シンデキマシタ。

「ユーキ」より②

出典：『復刻国定修身教科書：第1期』（大空社, 1990）

第1部　道徳の理論

に結びつけて提示されている。個人的な欲求（生存欲求）を克服して，忠君・愛国の行為を示した範例であり，「一旦緩急アレハ義勇公ニ奉シ」した美談として語られることになる。子どもたちは自らの貴重な生命を犠牲にすることは自然の情として拒絶するが，こうした美談や武勇伝に感動させられ，無批判で従順な「臣民」として形成されるのである。

（3）ヘルバルト主義に基づく修身科

　修身授業を確立するうえで理論的にも方法論的にも影響を与えていたのが，ヘルバルト主義であった。教育勅語の徳目や儒教の五常の徳目（仁義礼智信）を子どもに効率的に教え込むために，ヘルバルト主義が有効利用されていった。ただし，わが国に紹介され普及したヘルバルト主義は，ライン（Wilhelm Rein）などのヘルバルト主義の理論に基づく国家主義的な教育理論であった。

　5段階教授法は，ラインによって改良された「予備・提示・比較・統括・応用」の段階に分かれ，後に簡略化して「比較」を取り除き，「予備・提示・統括・応用」という形式をとるようになった。つまり，予備（導入）の段階で，子どもの日常生活や身近な出来事に結びつけて興味や関心を引き起こし，提示（展開）の段階では，読み物資料を読んで道徳的価値を明確化して自覚を深め，その道徳的価値を統括（まとめ）して，応用では，今後の日常生活における自分の行いを正しくするよう努力することになる。実際の教授法は82頁を参照。

　こうしたヘルバルト主義の修身授業の特徴は，子どもの認識活動に合わせて授業を構成し，ほかの教科（特に社会科）とも関連づけながら道徳的価値を計画的かつ発展的に教え込む点にある。例えば，キグチコヘイの話に共感して感動し，愛国心のすばらしさを語ることは許されるが，こうした自分の生命を犠牲にする危険な行為を批判的に考えることは，当然ながら許容されなかった。こうして国家（あるいは教師）にとって都合のよい価値観（国家主義や軍国主義に合う滅私奉公）だけを子どもに教え込み，「臣民」としての人格を画一的かつ効率的に形成することが計画され，忠実に実践されていったのである。

　こうした国家主義や軍国主義の授業は，修身科だけでなく国語科でも同様で

第6章　日本における道徳教育の歴史

ある。例えば，中学校の国語巻三の十二「東郷元帥と乃木大将」では目的を次のように示している。「両将を結ぶ意味深き『と』（因縁）に目を注がせつつ，共に国民的英雄であった所以を知らせ，その至誠一貫の生涯を深く回想敬慕することによって，無限の感激に浸らせ，更にその胸裡の至誠を呼びさましたい」。初めの「と」の活用に関しては国語教育であるが，その後で軍事的物語によって子どもの心情に訴えて，「無限の感激に浸らせ」，「至誠」（ときに赤誠）という徳目を教え込むというのは修身教育そのものである。

　こうした修身授業の教育内容は，戦後に多くの批判を浴びて取り除かれていくが，徳目主義・心情主義・形式主義の授業スタイルだけは，戦後も登場人物の心情理解を中心とした道徳授業に継承されていくことになるのである。

❷　戦後の道徳教育

（1）社会科と全面主義の道徳

　戦後わが国は，戦前の修身教育を民主主義の見地から全面的に刷新することになった。こうした歴史的経緯を確認しておこう。まず，終戦直後の1945（昭和20）年9月に前田多門文相が「新日本建設ノ教育方針」を発表し，同年11月に文部省は公民教育刷新委員会を発足させ，「修身」と「公民」の一体化を提言している。つまり，「修身」を公民的な知識と結合させて具体的内容を示すとともに，その徳目を現実社会で実践されるものとして捉え直している。こうして「修身」と「公民」を統合した「公民科」が設置されることになり，戦前のように観念的な徳目の教授法は中止され，公民的知識と結びついた修身（道徳）教育が提唱された。このようにわが国は独自に道徳教育の再構築を試みたが，教育改革を占領政策の一環としたGHQは，戦前との連続性をもつこうした教育方針に反対し，修身とは切り離した別の教育方針を出すことにした。

　GHQは1945年10月に「日本教育制度ニ対スル管理政策」を発表して，戦前の日本における極端な国家主義や軍国主義のイデオロギーを批判し，同年12

65

第1部　道徳の理論

月には「修身，日本歴史及び地理」の授業を停止させていた。その後，地理は
1946（昭和21）年6月に再開され，日本歴史も10月には再開されたが，修身
だけは停止されたままになった。GHQはアメリカ教育使節団の派遣を要請し，
ストダード（George D. Stoddard）を団長とする27名の使節団が1946（昭和
21）年3月に来日し，その後，有名な『アメリカ教育使節団報告書』（第1次）
を提出している。この報告書においてアメリカ教育使節団は，修身科を「従順
な市民を作り上げることを目指していた」と批判するとともに，「民主主義的
制度にふさわしい諸徳を教えることは可能であり，それは学校でも，そのほか
の場所と同じく教えられるべきである」と説き，修身科のような固有の特別な
教科を設けず，教育活動のすべての面で進める全面主義の道徳教育の方法を推
奨している。こうしたアメリカ教育使節団の見解を取り入れて，民間情報教育
局(CIEと略す)は，修身と公民を統合した「公民科」を中止にし，アメリカで
行われている「社会科（social studies）」に準じた授業を行うことになった。

　こうした経緯から1947（昭和22）年3月に示された『学習指導要領　一般編
（試案)』では，従来の修身・公民・地理・歴史を統廃合して，合理的な社会認
識能力を育成するための「社会科」が新設された。この「社会科」の目的は，
単なる公民・地理・歴史の知識を習得することではなく，「社会生活について
の良識と性格とを養うこと」であり，道徳教育にも関連していた。さらに，同
年5月に発行された『学習指導要領　社会科編Ⅰ（試案)』では，「社会科の任
務は，青少年に社会生活を理解させ，その進展に力を致す態度や能力を養成す
ること」と記されている。

　また，社会科の目標の1つは，「生徒に各種の社会，すなわち家庭・学校及
び種々の団体について，その構成員の役割と相互の依存関係とを理解させ，自
己の地位と責任とを自覚させること」である。さらに，もう1つの社会科の目
標は，「自分で種々の情報を集めて，科学的総合的な自分の考えを立て，正義・
公正・寛容・友愛の精神をもって，共同の福祉を増進する関心と能力を発展さ
せる」ことである。

　こうした社会科の新しい方針を打ち出すに当たって，学習指導要領には過去

の反省が以下のように記されている。

「従来のわが国の教育，特に修身や歴史，地理などの教授において見られた大きな欠点は，事実やまた事実と事実とのつながりなどを，正しくとらえようとする青少年自身の考え方あるいは考える力を尊重せず，他人の見解をそのままに受けとらせようとしたことである。これはいま，十分に反省されなくてはならない。もちろん，それは教育界だけのことではなく，わが国で社会一般に通じて行われていたことであって，そのわざわいの結果は，今回の戦争となって現われたといってもさしつかえないであろう。自主的科学的な考え方を育てて行くことは，社会科の中で行われるいろいろな活動にいつも工夫されていなければならない」。

　このように他者の見解にただ従属するのではなく，自主的に考え判断することが重視されたのである。

　新しい「社会科」では社会生活を理解し，望ましい態度を育成することが求められた。社会的認識能力や問題解決能力を育成することが，社会性や市民性を養い，さらには広い意味での道徳性や人間性を育成すると解釈された。こうした社会科では，社会生活のなかの相互依存関係を理解することが必要であるとされ，その分類として「人と他の人との関係」，「人間と自然環境との関係」，「個人と社会制度や施設との関係」があげられている。この分類は，現行の道徳教育における内容項目の原型となるものである。ここでは子どもが孤立することなく，他者，自然環境，社会や社会制度とつながっており，社会的認識能力や問題解決能力を養うことで社会的な自己実現を目指している。

　こうして社会科を中心とした道徳教育が実施されていったわけだが，1950（昭和25）年に出された第2次アメリカ教育使節団の報告書では，道徳教育が社会科だけで行われるのではなく，学校の全教育活動を通じて行うべきであると提言している。こうして社会科を核としながらも，学校の教育活動全体で行う全面主義の道徳教育がわが国でも定着していくことになるのである。

第1部　道徳の理論

（2）「道徳の時間」の特設

　戦後の混乱のなかで子どもの問題行動が増加すると，社会科や全面主義の道徳教育だけでは対応できないことが問題視された。そこで，戦前の修身教育とは違った形で戦後の道徳授業を特設することが模索されてきた。

　こうした動向を推進した天野貞祐は，当時の吉田茂政権下で文部大臣に就任した後，カント哲学をもとに「徳目を媒介にして正しい行いの実践に努める」こと，「覚えることを通して，行いを身につける」ことを重視している。そこで天野は戦前の修身教育を批判しながらも，「修身科」と「教育勅語」に代わるものが必要であると提案した。しかし，1951（昭和26）年の教育課程審議会は「道徳教育振興の方法として，道徳教育を主体とする教科あるいは科目を設けることは望ましくない」として道徳授業の特設に反対し，文部省も既定の全面主義や生活主義の道徳教育を踏襲する路線を支持した。

　そこで天野は同年に修身科に変わるものを目指して，「道徳教育のための手引書要綱」を作成するよう指示を出した。しかし，この要綱を実質的に執筆したのがデューイの教育理論から影響を受けた上田薫であったため，道徳の特設にはすぐにはつながらなかった。上田は，この要綱において子どもの生活経験を尊重し，学校の教育活動全体において子どもが直面する現実的な問題解決を通じて，道徳的な理解や態度を養うべきであると考えていた。上田は，生きた社会生活から隔絶した徳目を教え込むような道徳授業を特設するよりも，社会科のように問題解決学習によって当面する問題を，合理的かつ批判的に追究して解決する能力を養うことが重要である，と考えたのである。

　この当時，学校では全面主義・生活主義の道徳教育がいっそう強化されていったが，それにもかかわらず戦後の社会秩序の乱れや顕在的な困窮の影響もあって十分な成果は得られず，学校でも道徳的混乱が増すなかで問題行動は増加の一途を辿った。少年犯罪の件数が1951（昭和26）年には12万6,519人と，この時期にピークに達した。また，1952（昭和27）年にはサンフランシスコ講和条約が発効して占領が解かれ，アメリカ式の道徳教育ではなく，日本独自の

68

道徳教育を再構築しようとする機運が高まった。こうした社会的情勢や世論から支持され，1958（昭和33）年に公立の小・中学校で毎学年，週1時間の「道徳の時間」が特設されることになった。

　こうして特設された道徳については，当時から多くの批判があったわけだが，そのなかでも有名な日本教職員組合（以下，日教組と略記）と日本教育学会の反対声明を取り上げておきたい。まず，日教組が反対する理由は，特設された道徳のねらいが教育内容を国家的に統制することにあり，憲法や教育基本法に明記された教育の機会均等，平和と真実，人権尊重の教育を根本から破壊するものだからである。もともと日教組は，当時の文部省が打ち出す勤務評定や管理教育のような教育政策にも反対しており，特設された道徳にしても「紀元節を復活させた反動教育」であるとみなして批判したのである。

　また，戦場に子どもたちを送り出した教師たちの反省から，修身教育の復活を匂わす道徳授業の特設に反対する傾向も強い。例えば，武田順治（本名・竹本源治）の「戦死せる教え児よ」（高知県教組機関紙『るねさんす』44号，1952年）は，道徳授業の特設に反対する教師の声明として有名である。

「戦死せる教え児よ」（武田，1952）

> 　逝いて還らぬ教え児よ。私の手は血まみれだ！君を縊ったその綱の端を私も持っていた。しかも人の子の師の名において。嗚呼！「お互いにだまされていた」の言訳がなんでできよう。慙愧，悔恨，懺悔を重ねても，それがなんの償いになろう。逝った君はもう還らない。今ぞ私は汚濁の手をすすぎ，涙をはらって君の墓標に誓う。「繰り返さぬぞ絶対に！」

　また，日本教育学会は「道徳の時間」が特設される前年の1957（昭和32）年に『道徳教育に関する問題点（草案）』を刊行し，道徳教科の特設に反対している。主な反対の理由としては，第1，道徳教育が「各教科指導，生活指導をつうじて培われるもの」であるためである。第2，道徳授業で道徳教育の内容がバラバラに取り上げられたり，抽象的な言葉として教え込まれたりすると，

第1部　道徳の理論

「人間らしい実感や自主的な判断力を消失した人間を作りあげることになる」
ためである。第3に，「教師と教師，教師と子どもの間の温かい人間的なつな
がりがたちきられ」疎遠になるためである。第4に，「教師の自主的な研究は
芽をつまれ，その良心的な教育研究は阻害される」ためである。

　以上のように反対の理由は多様であるが，道徳教育は学校教育全体で行うべ
きであり，各教科や生活指導で自然に行えばよいため，旧来の徳目主義・形式
主義の「道徳の時間」を特設する必要がないと考えられている。

（3）学習指導要領における「道徳の時間」の位置づけ

　1958（昭和33）年に提示された学習指導要領で「道徳の時間」の主要な役
割は，次のように記されている。「各教科，特別教育活動および学校行事等に
おける道徳教育と密接な関連を保ちながら，これを補充し，深化し，統合し，
またはこれとの交流を図り，児童の望ましい道徳的習慣，心情，判断力を養い，
社会における個人のあり方についての自覚を主体的に深め，道徳的実践力の向
上を図るように指導するものとする」。このように「道徳の時間」は，学校の
教育活動全体と有機的に関連づけ交流を図り，道徳的習慣の育成を筆頭にあげ
ている点で，形式主義や徳目主義の克服を目指している。ただし，「道徳の時
間」を学校の教育活動全体で行う道徳教育の中核に位置づけ，教育活動の「中
心統合」とみなす点では，ヘルバルト主義の影響も残っている。

　文部省は1964（昭和39）年から1966（昭和41）年にかけて『道徳の指導資
料』を刊行し，読み物資料を活用した道徳授業を推進する方針を明確に打ち出
している。この『道徳の指導資料』で提示された道徳指導法がその後，読み物
資料を中心とした授業形態を普及させることになったのである。ただ，この当
時，資料を用いた道徳授業の方法論はまだ十分に確立していなかったため，た
だ感想を言い合ったりノートに書いたりするだけで終わることも多かった。そ
こで，より充実した道徳授業にするため，暫定的に国語科における物語文の指
導法に倣って，読み物資料（副読本）の物語を読んで，登場人物（特に主人
公）の心情を場面ごとに把握させるスタイルが基本としてとられた。道徳の副

読本を作成する民間会社も，基本的にこの指導資料に倣って指導法を構成することになった。

　以上，学習指導要領の歴史的変遷をみると，「道徳の時間」を特設した当初は，戦前の修身教育に対する反省から，子どもが道徳的問題を自ら考え主体的に判断することを尊重し，資料を批判的に読み解くことまで推奨されていた。しかし，読み物資料を中心とした道徳授業が普及・徹底していくと，戦前と同様に心情主義・徳目主義・形式主義の道徳授業が復活し，心情に訴えかけて道徳的価値を教えることが一般化されていった。こうした傾向を改革しようとするのが，「特別の教科　道徳」として誕生した「考え議論する道徳」である。

　研究課題

（１）戦前の修身教育と戦後の道徳教育の類似点と相違点を述べよ。

第1部

第7章 諸外国の道徳教育

　道徳教育はそれぞれの国の歴史，文化，風土，政治，経済，宗教などを反映して多種多様なあり方をする。わが国の道徳教育は，アメリカをはじめ西欧諸国の道徳教育から多くの影響を受けているが，一方で地理的に近いアジア諸国の道徳教育とも関連している。本章では，1節でアメリカ，2節でヨーロッパ諸国（イギリス，フランス，ドイツ），3節でアジア諸国（中国，韓国，シンガポール）の道徳教育を紹介する。各国の道徳教育を比較検討するとともに，わが国の道徳教育の特徴を再検討することにしたい。

❶ アメリカの道徳教育

　アメリカの道徳教育は，各州によって大きく異なるが，一般的な傾向としては公立学校では宗派的な宗教教育を行わず，社会科を中心に学校教育全体で道徳教育を行うことにしている。古くはアメリカでも「道徳的訓練」としてピューリタン的な教化を行ったり，『マクガフィー読本』などを用いて道徳的内容を教えたりすることがあった。また，フランクリン（Benjamin Franklin）の修養で有名な13の徳目（節制，沈黙，規律，決断，節約，勤勉，誠実，正義，中庸，清潔，平静，純潔，謙譲）のなかから1週間に1つ取り上げ，それを実践するよう指導した例もある。その後，20世紀初頭からプラグマティズムの思想的影響が強まると，道徳的価値を子どもの生活経験と関連づけて習得させる教育方法がとられるようになった。進歩主義教育の理論的指導者であるデューイ（John Dewey）は，子どもが道徳的問題の解決に協働で取り組む過程において道徳的に成長していくことを力説している。彼の教育思想から多かれ少なかれ影響を受けることで，さまざまな価値教育，モラル・ジレンマ討論，人

第7章　諸外国の道徳教育

格教育が開発されていった。このなかでモラル・ジレンマの道徳授業については，すでに第5章2節で解説したので，ここでは価値教育の代表として「価値の明確化」と新しい人格教育を取り上げることにしたい。

（1）価値の明確化

アメリカでは1960年代に科学技術の発展，個人主義の台頭，そしてベトナム戦争にともなって伝統的な社会規範が根本的に疑われ，大きな社会不安が生じてきた。こうした時代に従来の道徳教育は，教師の信条や価値観を押しつける教授法として批判されるようになった。そこで，「価値の明確化（values clarification）」では，子どもの感じ方や考え方を尊重し，自ら考え価値判断することを推奨したのである。

ラス（Louis E. Raths），ハーミン（Merrill Harmin），サイモン（Sidney B. Simon）が1966（昭和41）年に『価値と教授』のなかで「価値の明確化」の指針と指導過程を示した。「価値の明確化」の指針は，第1に，生活に焦点を当てること，第2に，あるがままの姿を受け入れること，第3に，反省を進展させるように促すこと，第4に，個人の力を助成することである。

このように「価値の明確化」では，子どもが日常生活において興味や関心を抱いたことを取り上げ，子どものあるがままの感じ方や考え方を尊重し，子どもが自ら考え判断し反省を深めていけるようにする。子どもの思考を深める際の指導過程は，以下の3段階に分けられる。

まず，複数の選択肢のなかから自由に選択する。次に，自分の考えを尊重し，自分の選択に幸福感を抱き，他人に肯定できるようにする。最後に，その選択したことを実践し，人生のあるパターンになるまで繰り返し行う。

価値の明確化の授業では，子どもが自由かつ主体的に価値を選択することに重点をおく。初めは，自分にとって適切と思うものを1つ選んだり，好きな順から番号をつけたりして（ランキング），その理由を互いに述べ合う。例えば，「あなたが一番好きな季節はどれですか」と尋ねて，「春，夏，秋，冬，そのほか」から選ばせ，その理由も聞く。

73

第1部　道徳の理論

　次に，「あなたにとってどれが大切ですか」を尋ねて，「友情，お金，愛情，真理，良心，約束，宗教，権力，法律，体力，食べ物，そのほか」から選ばせ，その理由を聞く。さらに，子どもたちが特定の価値についてどのように考え感じているかをワークシートに書き込み，その後で話し合うこともある。例えば，次のような質問をする。「あなたにとって友情とはどんな意味をもっていますか」「あなたはどのように友情を表しますか」「友情を発展させ，維持することはどれくらい大切だと思いますか」「あなたがいままでの友情のあり方を変えようとしている場合には，どのように変えたいか教えてください。変えようと思っていない場合は，その理由を教えてください」。

　このように話しやすい話題から徐々にむずかしい道徳的問題へと移行し，子どもの生活経験に合わせて思考を深める工夫をしている。このように「価値の明確化」は，子ども中心で，自ら考え判断し表明することを重視する進歩主義教育の立場にあり，1960年代後半から大いに流行していった。

（2）新しい人格教育

　上述した「価値の明確化」は，子どもの価値観をそのまま容認するため，是非善悪の区別がつかなくなり，道徳的相対主義や快楽主義に陥りがちであるという批判があった。実際，1970年代から80年代にかけて学校が荒廃すると，その克服のために，1980年代から新しい「人格教育（character education）」が登場し，90年代から全米的に広まっていった。1996（平成8）年には当時のクリントン大統領が議会における一般教書演説でアメリカの学校すべてに対して人格教育の実施を要請するにいたり，現在もアメリカでは最も有力な道徳教育となっている。

　次に，新しい人格教育の理論的指導者であるリコーナ（Thomas Lickona）が提示している人格教育の諸原則を紹介する。第1に，教師が，道徳的倫理的なモデルとして振るまい，信頼される存在となるとともに，愛と敬意をもって子どもに接し，正しい行いを奨励し，間違った行動を正す。第2に，子どもがお互いに尊重し合う，思いやりをもち合うような共同体としての民主主義的な

74

クラスの環境をつくる。第3に，カリキュラムを通して道徳的価値を体系的に教える。例えば，「忍耐」についての授業では次のような発問がなされる。「粘り強さとは何か」「あなたが粘り強く続けることがむずかしい仕事は何か」「その仕事が粘り強く続けられない理由は何か」「もし忍耐が身についたら，どんなよいことがあるか」。こうしたテーマで話し合い，忍耐の重要性を理解した後に，実際に忍耐にかかわる活動を行い，その後で評価する。そして第4に，利他的なボランティア精神で学校全体や地域社会へ奉仕する機会をもち，学校の内外に肯定的な道徳的文化をつくり出す。こうした特別活動のなかでは保護者や地域社会の人々にも子どもの人格を育てるために学校と協力してもらう。

　このように人格教育は，道徳的価値を知的に理解するだけでなく，情緒的にも道徳的価値に共感し，その道徳的価値を身につけようとする意欲を促し，それに基づいて行動し習慣化することを重視する。古い人格教育は，徳目主義の道徳授業に特化していたが，新しい人格教育は，道徳性の発達理論を踏まえ，価値の明確化やモラル・ジレンマ授業の技法を部分的に継承しながら，学校教育全体を通した総合的なアプローチによって道徳教育を行っていくのである。

❷　ヨーロッパの道徳教育

（1）イギリス

　イギリスでは，教育制度は地方分権主義に基づくが，おもに宗教教育やシティズンシップ教育によって道徳教育が行われてきた。1870（明治3）年に成立した教育法では，公立学校における特定の「宗派教育」は禁止されたが，「宗教教育」は認められた。1944（昭和19）年の教育法では，すべての学校に対して宗教教育に関する教授を義務づけた。こうした宗教教育は宗派を超えた一般的なものであり，信条の教え込みではない。特に，1960年代以降は多元的な価値観を尊重し，子どもが生きる支えとなる信仰や人生観を自由に確立できるように援助するアプローチがとられるようになった。1988（昭和63）年の

第1部 道徳の理論

教育改革法でも宗教教育は，ナショナル・カリキュラムとは別個の必修科目として独立し，「英国の宗教的伝統が主としてキリスト教であるという事実を反映するものでなければならず，同時に英国の代表的なほかの宗教の教説や実践に対しても配慮しなければならない」と記されている。この宗教教育の内容は，聖書や教会の理解と知識，キリストの教え，集団礼拝，讃美歌，祈祷，聖書朗読，校長訓話などが含まれ，週に2〜4時間が割り当てられている。

　また，宗教に関係しない道徳教育として，ウィルソン（John Wilson）を代表とする道徳教育プロジェクトやスクールズ・カウンセルの道徳教育プロジェクトが開発された。こうしたプロジェクトでは，子どもが思慮深い生き方を身につけることができるように援助することを目指していた。さらに，1988年（昭和63）の教育改革法の第1条では，「学校や社会において，児童・生徒たちの精神的・道徳的・文化的・知的・身体的発達を促し，成人後の人生における機会，責任，経験に対して児童・生徒に準備させる」カリキュラムを提供することになった。そこで，従来のナショナル・カリキュラムの各教科や宗教教育だけでなく，クロス・カリキュラム・テーマや課外活動を含めた全体カリキュラムで道徳教育が行われるようになった。また，近年では，子どもの人格および社会性の発達を目指す「人格，社会性，健康教育（Personal, Social and Health Education）」も学校教育に普及してきている。

（2）フランス

　フランスでは，伝統的にキリスト教のカソリック派から強い影響を受けてきたが，後に教育の世俗化と中央集権化によって宗教から脱却する教育改革が進められた。歴史的にみると，1880年代から1960年代までは第三共和制のもとで公教育学校が設置され，道徳教育と公民教育が法令で規定されていた。この時期の小学校では，道徳教育が明示的な訓令によって定められている。当時の小学校のカリキュラムでは，「子どもたちに節度，誠実，謙虚さ，善良さ，勇気，寛容さという個人的・社会的に主要な徳性について理性的に実践するよう導くこと，また勤労への愛，協力や団体精神の志向，約束の遵守，他者に対す

る理解，生を受けた地への愛，家族および祖国への義務観念を鼓舞すること」
と記されている。こうしたカリキュラムにおいて道徳・公民の授業が行われて
いた。中等教育では，公民教育が課せられ，1学年で市町村の学習，2学年で
県の学習，3学年で経済機構の学習，4学年で行政機構と国家の事業について
の学習があった。こうした公民教育を歴史や地理のような各教科と結びつけて
道徳教育が行われていた。

　1960年以降は，以上の道徳教育や公民教育がカリキュラム上から徐々に減
退していく。小学校では，道徳の授業が時間割からなくなり，道徳教育は，歴
史・地理と理科系の科目を個々のテーマに即して再編する教科横断的な領域に
おいて，子どもが主体的に行う「めざまし活動」を通して行われた。ここでは，
知識よりも態度や行動が重視され，個人的・集団的な責任体制や集団的なプロ
ジェクト学習が導入され，学級や学校を「学習共同体」として構成することが
求められた。また，中等教育学校でも公民の授業は減少し，地理や歴史のなか
で公民を教えることが増加した。さらに，1975（昭和50）年の初等・中等教
育大綱法では道徳教育や公民教育についてほとんど言及しなかった。1977（昭
和52）年の国民教育省組織令では，中学校のカリキュラムにおいて公民・道
徳教育を一個の個別教科として扱わなくなり，全教員がその担当教科にかかわ
らず，公民・道徳教育に関心をもつこととされた。その後，1985（昭和60）
年に公民教育のカリキュラムを復活させようとする保守反動的な動向もあった
が，部分的な改革に終わっている。その後，2015（平成27）年になってよう
やくフランスで「道徳・公民」が正式な教科となった。

　このようにフランス道徳教育は，独立した教科ではなく，学校の教育活動全
体のなかで行われることになり，歴史・地理教育のなかに組み込まれ，環境学
習や市民教育に関連づけられるようになった。

（3）ドイツ

　ドイツでは，1949（昭和24）年に制定されたドイツ連邦共和国基本法に基
づいて教育が行われている。この基本法では，「神および人間に対する責任を

第1部　道徳の理論

自覚」したうえで，人格の自由な発展を目的とする権利，生命・身体の自由，芸術・学問・教授の自由，出版・集会・団体結成の自由，信仰・良心・世界観の自由，通信の秘密，所有権などの基本的人権を承認している。この基本法を踏まえ，キリスト教と民主主義に基づき，各州が学校の教育目的を設定する。一般的な教育目的は，自由で民主的な国家の成員となり，国家の秩序形成に参画する積極的・自主的な態度，独立心，責任のある人間を育成することである。

公立学校において「宗教教授」が正規の教科と規定されており，道徳教育としての役割も担っている。この宗教教授は，キリスト教のカソリック派やプロテスタント派だけでなく，ほかの宗教（ユダヤ教やイスラム教など）も対象としている。ここでは信仰の自由も保障され，この教科を受けるかどうかは，14歳未満の子どもの場合は両親が決め，14歳以上の場合は本人が決定する。この「宗教教授」では，一般的にはキリスト教的な教材を用いて，人生の意味，真理の追究，価値の形成，責任ある行動のための規範などを教えている。

ドイツの道徳教育は，基本的には学校の教育活動全体のなかで行うことになっているが，なかでも上述した「宗教教授」をはじめ，社会科，国語科などで取り組まれてきた。また，近年では「宗教教授」の代わりに「倫理科」や「生活科」をおいて道徳教育する学校も増加している。「宗教教授」や「倫理科」の授業では，伝統的な道徳的価値を教え込む方法が一般的であったが，近年では現代社会における価値観の多様性を反映させ，子どもの生活経験や特別活動を通して道徳的価値を習得するような問題解決学習やプロジェクト学習が積極的に取り入れられている。

❸　アジアの道徳教育

（1）中国

中国では，社会主義国家の建設に必要な人間を育成することを教育目的とするため，道徳教育と思想・政治教育が密接に関連している。中国共産党中央政

府は，「徳育・知育・体育」のいずれの面でも成長させて，社会主義的な自覚をもち，教養を備えた勤労者に育てることを教育指針としている。このなかでも「徳育」は，「政治」という道徳教育課程を開設し，社会主義思想や愛国主義を重視した教育をしている。

中国の道徳教育は，小・中・高校の各教科のなかで筆頭教科に位置づけられている。小学校における「思想・品徳科」は，週1時間あり，五愛（祖国，人民，労働，科学，公共財を愛すること）を基本内容とする「社会・公徳教育」と「一般政治常識教育」を指し，個人，集団，祖国について教育し，道徳的認識を高め，道徳的情操を養い，道徳的行為を指導し，分別能力を身につけさせることを目標とする。

中学校における「思想・政治科」の目標は，「社会主義道徳の基本原則で，公民の権利と義務，社会発展の規律を理解させ，わが国の国情と中国の特色ある社会主義建設関連の知識を理解させる」ことであり，また「中国共産党の指導，社会主義路線堅持の信念，道徳観念，法制観念，国家観念，階級観点，労働観点，集団主義観点の初歩を確立させ，社会主義に対する責任感をもたせ，分別是非の能力を高める」ことである。中学校・高校では「思想・政治科」が週2時間あり，それに関連した特別活動も設定されている。

こうした「思想・品徳科」や「思想・政治科」だけでなく，全教科の教育目標に品徳教育や愛国主義教育が組み込まれている。このように中国の道徳教育は学校教育全体で行われ，公徳教育，法規教育，政治教育，思想教育，労働教育を含んでいる。近年は，単に知識を覚えるだけでなく，実践的な資質や能力を高めるために「資質教育」を導入して，特別活動と連携して進められるとともに，地域，家庭，そのほかの関連機関などの協力を得て，総合的な道徳教育に取り組んでいる。

（2）韓国

韓国では戦後，日本の植民地支配から解放され，祖国の回復を願うとともに，アメリカの民主主義教育を導入することで自主，独立，自由，平和などの価値

第1部　道徳の理論

が尊重されてきた。その後，朝鮮戦争(1950〜1953年)によって南北が分断されると，北朝鮮に対する反共主義の立場も強調されるようになった。こうして民族的な同質性を確保して独自の価値観や伝統を継承するとともに，グローバル化による多元的な価値観や異質性を尊重する傾向も強い。

　韓国の道徳教育を歴史的にみると，ナショナル・カリキュラムにおいては，1955（昭和30）年の第1次教育課程では「道義教育」と提示され，1962（昭和37）年の第2次教育課程では「反共・道徳生活」という領域で特設され，1973（昭和48）年の第3次教育課程からは「道徳科」という教科として設置された。現在は，小学校1，2年で「正しい生活」，小学校3年から高校1年までは「道徳」，高校2，3年は「市民倫理」「倫理と思想」「伝統倫理」を設置し，相互の連続性と系統性が図られている。このなかでも道徳科は，「学生に自らを理解し，日常生活に必要な規範と礼節を学び，国家，民族の構成員として，そして世界社会の一員としての役割や責任を把握させ，韓国人，及び世界市民としてふさわしい人生を生きることに役立たせるための教科」と説明されている。こうした道徳教育では，「人間として当然守って実践すべき普遍的かつ理想的な諸価値や，われわれの社会にふさわしい生活の規準となる道徳規範や諸価値を内面化させ，正しい行動習慣を身につけさせると同時に，さまざまな道徳問題を合理的に解決できる道徳的思考力と価値判断能力を身につけさせることに力点を置く」。

　この道徳科の内容項目は，「個人生活」，「家庭・近所・学校生活」，「社会生活」，「国家・民族生活」という領域で構成されている。韓国では特に儒教の精神を尊重し，「誠実，礼節，遵法，国家愛，人類愛」などが主要価値として設定されている。道徳科の教科書には，1種類の国定の読み物資料がある。近年では，第1節で述べたアメリカの人格教育を導入することで，系統的な諸々の徳目を指導する道徳授業を行うとともに，道徳性の知的側面，情意的側面，行動実践的側面を統合し，学校と家庭・地域が連携協力することで総合的な道徳教育を行っている。

80

第7章　諸外国の道徳教育

（3）シンガポール

　シンガポールでは，華人系，マレー系，インド系という多様な民族集団が共存しているため，道徳教育ではそれぞれの民族固有の文化的アイデンティティを尊重したうえで，同朋意識や市民意識を醸成し，「シンガポール人らしさ」を追求することが重視されている。

　歴史的にみると，1959（昭和34）年には「倫理科」を小・中学校に導入し，礼儀正しさ，正直，忍耐などの徳目を取り上げた。1967（昭和42）年には「倫理科」に代わって「公民科」を小・中学校に導入し，愛国心，忠誠心，市民意識などの徳目を取り上げた。1984（昭和59）年には中等教育段階に「宗教知識科」を導入し，宗教（儒家倫理，聖書知識，仏教学，イスラム知識，ヒンドゥー教学，シーク学）を知識として学ぶとともに，それに付随する道徳的価値観を習得することが目指された。その後，教育内容に関して各宗教団体の間で対立が生じたため，1990年には「宗教知識科」を廃止して，代わりに中学校では必修の科目として「公民・道徳教育」を導入して現在にいたっている。

　この公民・道徳教育では，相互理解や民族的・宗教的な調和を促すことを目指している。この科目を導入した後に，コミュニティ奉仕活動，あるいは愛国心の育成を目指す「国民教育」という特別活動のカリキュラムも取り入れられた。近年では，「公民・道徳教育」だけを単独に行うよりも，ほかのプログラムと組み合わせて実践する例が多くなっている。授業の方法としては，小学校では，従来から読み物資料を使った授業が中心となり，「環境美化」「公共倫理」「総合防衛」という倫理観や「孝行心」「自己犠牲」「愛国心」という儒教的内容を重視している。一方，中学校では，生徒がワークブック式の教材に自分の考えを主体的に書き込んだり，積極的に討論や活動をしたりすることで道徳的価値観を習得できるように工夫されている。

　研究課題

（1）諸外国の道徳教育とわが国の道徳教育の類似点と相違点を述べよ。

第1部　道徳の理論

ヘルバルト主義に基づく修身科教案（抄）　　1905年（明治38年）

一，題目　愛国
一，教材　修身書　第三（明治三六年，文部省著作，尋常小学校修身書，第四学年　※著者補）

> 昔，元のへいが，わが国にせめ入ろうとしたとき，わが国のぶしは，勇ましいはたらきをして，とーとー，てきをうちしりぞけました。中にも，河野通有はちいさいふねにのって大きなてきのふねに近づき，ほばしらをはしごにして，そのふねにのりうつり，たいしょーをとりこにしてかへってきました。通有は，みをすてて，わが国をまもったひとであります。

一，目的　河野通有の事蹟を話して愛国の士気を起こさしむるを以って目的とす。
一，準備　日本地図，通有敵船にのりうつる図
一，教法
（一）予備
　(1) この前に元から我が国に攻めて来たお話をしましたが，一番先に何処に攻めてきましたか。その次は。
　(2) その時元の兵はどんな乱暴をしましたか。
　(3) それから，進んで何処に攻め上がりましたか。それからどうなりましたか。
　(4) 一度逃げてそれからまたどうしたのですか。
　(5) 我が国では其の間にどんなことをしましたか。
　(6) 今日はこの戦で大そーえらい働きをしました河野通有のことをお話ししませう。
（二）提示
　(1) 彼の武器戦艦の我にまさりしこと。
　(2) 河野通有のこと……生地……人為
　(3) 通有国防軍に加はりしこと。
　(4) 通有等が船に乗りて敵船に近づきしこと。
　(5) 敵船に踊り入りて敵将を生擒して帰りしこと。
　(6) 元兵終に鏖殺せられしこと。
（三）比較
　(1) 昔の戦争の法と今の戦争の法とちがうこと。
（四）統括
　(1) 通有は元寇の時なんと思っていくさに出ましたか。
　(2) 通有はどんなにして進みましたか。
　(3) 通有はどんなてがらをいたしましたか。
（五）応用
　(1) 国難にあたりては誰も通有のよーな心がけをもたねばならぬこと。
　(2) いくさのある時にあたりて軍人以外の人の心がけ。
　(3) 平時における愛国の道。

（参考文献）稲垣忠彦『明治教授理論史研究』，評論社，1966年

コラム3　宗教教育と道徳教育

　第7章で検討したように，世界の道徳教育を見渡すと，宗教あるいは宗教教育と深く結びついている場合が少なくない。ただし，宗教教育を通して道徳教育を行う国々もあれば，宗教教育と独立した科目で道徳教育をする国々もある。その一方で，宗教教育をいっさい禁止する国々もある。また，同じく宗教教育といっても，キリスト教から影響を受けた欧米諸国と仏教や儒教から影響を受けたアジア諸国ではその価値内容に相違がある。

　ここで宗教教育と道徳教育の関係について振り返ると，以下の3つに分けられる。第1に，宗教教育を道徳教育として行う国々である。上述したイギリス，ドイツなどの西欧諸国が含まれる。第2に，宗教を尊重しつつも，公立学校では宗教教育から独立した道徳教育を行う国々である。ここには，「道徳科」を特設する日本や韓国のような事例と，道徳教育を社会科等と関連づけて行うアメリカやフランスのような事例に分けられる。第3に，宗教を根本的に否定する立場から，道徳教育を政治や思想と関連づけて行う国々である。その例としては，中国のような共産主義の国々が含まれる。

　宗教教育は特定の宗教や宗派に拘束されることが多いため，それを公立学校に取り入れる際にはさまざまな問題が生じることになる。例えば，アメリカでは，合衆国憲法修正第一条で国教の樹立を禁止するとともに，信教の自由を保障しているため，公立学校での宗派的な宗教教育は禁止されている。各州によっては教育委員会が自由参加を原則として「宗派教育」ではない「宗教教育」を提供する場合もあったが，1962（昭和37）年に公立学校での祈祷が最高裁で違憲と判決され，1963年には公立学校での聖書朗読も違憲と判決されることで，公立学校では原則的に宗教教育は行われなくなった。こうした宗教教育の代わりとして，人格教育をはじめ，公民教育，禁酒教育，ガイダンスなどが導入されてきた経緯がある。

わが国の場合，戦前・戦中には宗教や政治形態の影響を受けて道徳教育を行った経緯があるが，戦後の道徳教育は政教分離の原則に従って禁止されている。現在，わが国の教育基本法では，宗教教育に関して第15条で次のように述べている。「1　宗教に関する寛容の態度，宗教に関する一般的な教養及び宗教の社会生活における地位は，教育上尊重されなければならない。2　国及び地方公共団体が設置する学校は，特定の宗教のための宗教教育その他宗教的活動をしてはならない」。このように公立学校では政教分離の原則で，宗教的な態度あるいは宗教的知識・教養は尊重されるものの，特定の宗派の教義を教え込む宗教教育は禁止されている。

　ただし日本でも，私立の宗教系の学校であれば，特定の宗派に基づく宗教教育を道徳教育として実施することができる。例えば，キリスト教系の私立学校では，旧約聖書や新約聖書に基づき，人と神との統合を目指してキリストのような人格を形成するように教育している。そのために，宗教的価値として「礼拝」「他者に対する犠牲的な愛」「神の信仰」「神の祝福への感謝」「神の意志への完全な服従」などの教義を教えている。

　また，小・中学校で特設されている道徳授業の内容項目には，「人間を超えた宇宙・自然や崇高なるものへの畏敬の念」として「宗教的なもの」を取り上げることはできる。しかし，それを超越的な特定の神に結びつけたり，その信仰を強要したりすることはできない。こうした道徳教育が，宗教に関する寛容の態度，宗教的知識・教養，宗教的情操を十分に指導することができるかどうかは，議論が分かれるところである。

|研 究 課 題|

（1）宗教教育と道徳教育の類似点と相違点を述べよ。

第 2 部

道徳の指導法

第2部

第1章　道徳教育の計画

❶　道徳教育の計画における諸課題

　道徳教育の計画としては，大本になる「道徳教育の全体計画」があり，それを教育課程で具体的に実行するための「年間指導計画」がある。こうした計画は，ほぼすべての小学校・中学校において整備されている。2012（平成24）年度実施の道徳教育実施状況調査によれば，「学校の教育活動全体を通じた道徳教育の全体計画を作成していますか」という問いに対して，小学校では99.3％，中学校では99.3％が「作成している」と回答している。また，「道徳の時間の年間指導計画を作成していますか」という問いに対して，小学校では99.6％，中学校では99.7％が「作成している」と回答している。さらに，学年ごとに各教科等と道徳教育の関連性を詳細に示す「別葉」も普及してきている。

　その一方で，道徳教育の計画は各学校にありながらも，それが十分に機能していない，形式化（形骸化）しているという指摘もある。そこで本章では，道徳教育の計画はどうあるべきか，どう改善・充実を図るかについて検討したい。

❷　道徳教育の全体計画

（1）道徳教育の全体計画とは

　道徳教育の全体計画とは，学校における道徳教育の基本的な方針を示すとともに，学校の教育活動全体を通して，道徳教育の目標を達成するための方策を総合的に示した教育計画である。したがって，道徳教育の全体計画は，学校の

第1章　道徳教育の計画

　教育活動全体を通して，どのような道徳的内容を指導して，どのような道徳的
資質・能力を育成するかを計画的，系統的に示す必要がある。
　学習指導要領の総則の第6によると，各学校において「道徳教育の全体計画
を作成し，校長の方針の下に，道徳教育の推進を主に担当する教師（以下「道
徳教育推進教師」という）を中心に，全教師が協力して道徳教育を展開する」
と記されている。
　さらに，「道徳教育の全体計画の作成に当たっては，児童生徒や学校，地域
の実態を考慮して，学校の道徳教育の重点目標を設定するとともに，道徳科の
指導方針，第3章特別の教科道徳の第2に示す内容との関連を踏まえた各教科，
総合的な学習の時間及び特別活動における指導の内容及び時期並びに家庭や地
域社会との連携の方法を示すこと」とある。
　道徳教育の全体計画は，学校全体の教育目標や研究テーマと総合的に関連づ
け，子どもの実態を踏まえながら，学校の特色を生かした重点目標を認知的，
情意的，行動的側面から設定することが大事になる。校長が基本方針を打ち出
し，道徳教育推進教師がリーダーシップを発揮して，目標や指導内容だけでな
く，指導方法や評価方法も提示し，どのような資質・能力を育成するかも明確
に提示していく。
　こうした全体計画の段階で全教職員や保護者，地域の人々にも協力してもら
い，学校の教育活動全体と関連づけるとともに，共通理解を得ながら各自が積
極的に参画できるように配慮する。
　道徳教育は学校全体の教育活動で行うため，各学校が掲げた学校教育目標に
基づいてそれぞれの特色を生かしながら，計画的，意図的，発展的に取り組ん
でいくことが大切になる。そのなかで道徳科の授業は，道徳教育の要となって
いくように指導方法などに工夫をこらしていくことが重要になる。
　また，道徳教育の全体計画を作成するうえで大切にしなければならないこと
は，学校教育目標や研究テーマと関連させた道徳教育の重点目標を設定するこ
とである。学校教育目標や研究テーマは，目の前の子どもの実態を踏まえなが
ら，全教職員の思いや願いが集約されたものであり，教育活動全体を通して達

87

第2部　道徳の指導法

成すべき目標でもある。道徳教育も教育活動全体を通して行われることが基本であるため，学校教育目標や研究テーマと表裏一体となる。

（2）全体計画の内容

全体計画は，各学校が全教師の参加と協力のもとで行うため，広範な内容が含まれる。以下に，『学習指導要領　特別の教科道徳　解説』に即して重要事項を記載する。

①基本的把握事項

（ア）教育関係法規の規定，時代や社会の要請や課題，教育行政の重点施策

（イ）学校，地域社会の実態，教職員や保護者の願い

（ウ）児童・生徒の実態と発達段階など

②具体的計画事項

（ア）学校の教育目標，道徳教育の重点目標，各学年の重点目標

（イ）道徳の時間の指導方針

特に，年間指導計画を作成する際の観点や重点目標にかかわる内容の指導の工夫，校長や教頭の参加，ほかの教師との協力的な指導などを記述する。

（ウ）各教科，特別活動，総合的学習の時間などにおける道徳教育の指導方針

特に，重点的な指導との関連や各教科などの指導計画を作成する際の道徳教育的観点などを記述する。

（エ）特色ある教育活動や豊かな体験活動における指導の方針

特に，学校や地域の特色を生かした取組みや，ボランティア活動，自然体験活動などの体験的，実践的な活動の計画などを記述する。

（オ）学級，学校の人間関係や環境の整備，生活全般における指導の方針

特に，日常的な学級経営を充実させるための具体的な計画などを記述する。

（カ）家庭，地域社会，ほかの学校や関係機関との連携の方法

特に，協力体制づくりや広報活動，保護者や地域の人々の参加や協力の具体的な計画などを記述する。

③そのほか

第1章　道徳教育の計画

例えば，教員研修の計画や重点的指導に関する添付資料などを記述する。

（3）全体計画作成上の創意工夫と留意点

道徳教育の全体計画を作成するうえで留意すべき点は，まず，校長を中心として全教師が協力体制・指導体制を整えることである。特に，学校の教育目標をはじめ，道徳教育や道徳の時間の特質を理解し，具体的な取組みを明確にし，教師の意識の高揚を図ることが大切になる。

次に，各学校の特色を生かし，重点的な道徳教育が展開できるようにする。学校の特色に応じた教育活動全体を通じて，道徳教育の相互の関連性を明確にしていく。さらに，子どもの実態を踏まえ，発達状況に応じた指導を行うことである。また，保護者および地域の人々の意見を活用することや，学校間交流，関係諸機関との連携に心がける。

以上の点に関しては，計画の実施および改善のための研修体制を確立することが大切である。

次ページに道徳教育全体計画（小学校）と，全体計画の別葉（中学校）の例を示す。

第2部 道徳の指導法

道徳教育全体計画（小学校）

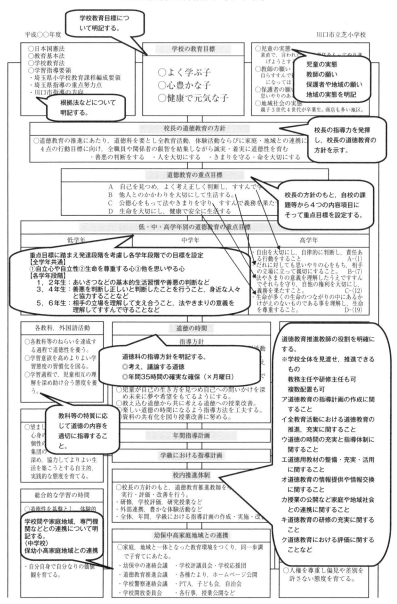

出典：石川庸子「問題解決的な学習を用いた道徳授業を学校全体で推進するためには」（「考え，議論する道徳」を実現する会『「考え，議論する道徳」を実現する！』，図書文化，2017．P.158）

第1章　道徳教育の計画

全体計画・別葉（例）【道徳教育と各教科・領域等との関連（中学校第２学年)】

※縦軸を道徳教育の内容項目、横軸を教科・領域等で整理し、各内容に時期を加える方法でまとめられた例

内容項目	教科・領域等	国語・英語	社会	数学・理科	音楽・美術	保健体育	技術・家庭	特別活動	総合的な学習の時間
1 自分自身に関すること	(1) 望ましい生活習慣、健康、節度					体育：身体をほぐす運動・集団行動	家：わたしたちの衣生活 (4月)	特活：人権集会 (6月)	
	(2) 希望、勇気、強い意志		歴：占領と日本の民主化 (1〜2月)	数：連立方程式 (6月)		長距離走	家：わたしたちの衣生活 (7月)		
	(3) 自主・自律、責任		歴：近代革命の時代 (4月)	理：物質の成り立ち (11月)		バレーボール			
	(4) 真理愛、理想の実現			数：三角形と四角形					
	(5) 向上心、個性の伸長、充実した生き方	国：日本の世界を広げよう〜セチ〜 (7月)			美：自分を見つめて	長距離走	家：わたしたちの成長と家族 (5月)	特活：体育祭 (9月) 文化祭 (10月)	
2 ほかの人とのかかわりに関すること	(1) 礼儀					武道・剣道			
	(2) 人間愛、思いやり		歴：欧米の情勢と日本 アジアム (12月)			体育・バレーボール	技：材料の切断・組み立てよう (9月)		
	(3) 信頼、友情					長距離走	技：材料の切断・組み立てよう (9月)	特活：体育祭 (9月) 文化祭 (10月)	
	(4) 男女の敬愛								
	(5) 自他の尊重、謙虚、寛容、広い心	英：Homestay in the United States (9月)							
	(6) 感謝	国：日本の世界を広げよう〜セチ〜	美：自分を見つめて				家：わたしたちの成長と家族 (3月)		
3 自然や崇高なものとのかかわりに関すること	(1) 生命尊重		歴：アジア・太平洋での戦い (11月)	理：動物の体のつくりと働き (9月)					
	(2) 自然愛、畏敬の念	英：Emi goes Abroad (5月)	歴：高度経済成長のなかの日本 (2〜3月)	理：生物の変遷と進化 (10月)	音：交響曲第5番「運命」(5月)				
4 集団や社会とのかかわりに関すること	(1) 法秩序の遵守、権利義務、よりよい社会の実現	英：Try to be the only one (8月)	歴：アジアの民族運動〜柳宗悦〜 (9月)	理：電流 (4月)、化学変化と物質の質量 (12月)		体育：身体をほぐす運動・集団行動 保健：健康と環境	家：消費生活と環境 (11月)		
	(2) 公徳心、社会連帯、よりよい社会の実現	英：A park or parking Area (11月)	歴：近代的な国際関係 (5月)				家：消費生活と環境 (12月)		
	(3) 正義、公正・公平、差別や偏見のない社会の実現	国：補助犬とともに (3月) 英：Can Anyone Hear Me? (2月)	歴：新政府の成立〜身分制度〜 (5月)					特活：対面式 (4月) 語る会 (12月) 生徒会選挙 (2月)	
	(4) 集団生活の向上、役割と責任	国：走れメロス (1月)	歴：維新の三大改革 (5月)		音：学級合唱曲 (10月)	ダンス、ソーラン節、よさこいソーラン		特活：体育祭 (9月) 文化祭 (10月)	
	(5) 勤労の尊さ、奉仕、公共の福祉		歴：文明国を目指して (5月)			保健：健康と環境		総合：職場体験学習	
	(6) 家族愛	国：富士型、字のないはがき (9月)	歴：近代的な国際関係 (7月)				家：わたしたちの成長と実現 (2月)		
	(7) 愛校心		歴：維新の三大改革 (5月)			ダンス、ソーラン節、よさこいソーラン			
	(8) 郷土愛		歴：近代化の分野			保健：健康と環境			
	(9) 日本人としての自覚、文化の継承・創造		歴：各文化の分野、日本の気象 (2月)		音：日本歌曲 (11月) 美：絵を切る		家：よりよい食生活 (10月)	特活：文化祭 (10月)	
	(10) 国際理解、人類愛	英：Emi goes Abroad (5月) E.pals in Asia (6月)	歴：江戸幕府の滅亡 (5月)					特活：エコキャップ運動	

第2部　道徳の指導法

❸　道徳科の年間指導計画

（1）年間指導計画とは

　道徳科の「年間指導計画」とは，道徳科の指導が，道徳教育の全体計画に基づき，子どもの発達の段階に即して計画的・発展的に行われるように組織された，全学年にわたる年間の指導計画である。マクロの設計である「道徳教育の全体計画」をより具体化し，指導内容を時期的に配列したものが，道徳科の年間指導計画である。ここでは毎回の道徳授業において，子どもの発達に即してどのような指導内容を，どのような指導方法で行い，どのような評価を行うかまで計画する必要がある。

　学習指導要領の第3章の第3には「指導計画の作成と内容の取扱い」として以下のように示されている。「各学校においては，道徳教育の全体計画に基づき，各教科，総合的な学習の時間及び特別活動との関連を考慮しながら，道徳科の年間指導計画を作成するものとする」。

　年間指導計画は，系統的かつ発展的に行われるように主題を年間にわたって配列するとともに，季節や各教科などの内容や学校行事に応じて配列する必要がある。ただし，同じような指導内容や方法が連続するとマンネリ化するため，多様化を図るべきである。どの時期までにどのような指導内容や指導方法を用いて，どのような資質・能力を養い，どのような評価を行うべきかまで記しておくのが望ましい。

　指導内容は，内容項目に示された道徳的価値をはじめ，今日的課題（いじめ，規範意識など）や重点的課題（自主・自立や思いやりなど）にも配慮し，指導方法とセットで提示する。ただし，留意事項として年間指導計画を作成するにあたっては「内容項目について，各学年において全て取り上げることとする」とあるため，小学校低学年で19項目，中学年で20項目，高学年で22項目，中学校で22項目をすべて取り上げなければならない。それゆえ，道徳科の授業

で年間に取り扱える内容は，おのずと各項目を1〜2回となる。

このように内容項目に対応した主題を年間にわたって配列し，季節に合ったものを指導時期に応じて配列することが必要である。また，学校行事の実施時期なども考慮したい。さらに，同じような指導法が何時間も連続することのないように，指導内容とともに学習指導法についても考慮して配列する。

この年間指導計画は，子どもの発達段階に即して道徳科で扱う内容が，全学年にわたって示されている。道徳科の指導を各担任の任意に任せてしまうと一貫性を欠いた指導となりかねないため，この年間指導計画に基づいて各担任が日々の道徳授業を進めていくことになる。年間指導計画は，各教師が学校の特色や行事，学級の課題も踏まえて柔軟に組織することも重要になる。

こうした年間指導計画は，子ども，学校，地域の実態に応じて年間にわたり重点的な指導や内容項目間の関連を密にした計画的，発展的な指導を可能にする。また，各学級において，道徳科で学習指導案の作成するよりどころとなる。

（2）年間指導計画の内容

年間指導計画に記述する内容を，学習指導要領の解説に基づいて以下に示す。
①各学年の基本方針
道徳教育の全体計画に基づき，道徳科における指導について，学年ごとの基本方針を具体的に示す。
②各学年の年間にわたる指導の概要
（ア）指導の時期
実施予定の時期を記入する。
（イ）主題名
ねらいと教材で構成した主題を示し，授業の内容を概観できるようにする。
（ウ）ねらい
道徳科の内容項目をもとに，ねらいとする道徳的価値や道徳性の様相を端的に表したものを示す。
（エ）教材

第２部　道徳の指導法

教科用図書や副読本などのなかから，指導で用いる教材の題名を示す。

（オ）主題構成の理由

ねらいを達成するために教材を選んだ理由を簡潔に示す。

（カ）学習の指導過程と指導方法

ねらいを踏まえて，教材をどのように活用し，どのような学習指導過程や指導方法で学習を進めるのかについて示す。

（キ）ほかの教育活動などにおける道徳教育との関連

特に，関連する教育活動や体験活動，学級経営においてどのような配慮がなされるかを示す。

（ク）そのほか

例えば，校長や教頭などの参加，ほかの教師の協力的な指導の計画，保護者や地域の人々の参加・協力の計画，複数の時間取り上げる内容項目の場合は各時間の相互の指導の関連などの構想，年間指導計画の改善にかかわる事項を記述する備考欄などを示す。主題名や教材名を示すだけでなく，できるだけ学習指導過程なども示して，概要を示すようにする。

（３）年間指導計画作成上の創意工夫

道徳科の年間指導計画は，小学校・中学校ともその就学年数を通して必要とされる道徳的諸価値を発展的・系統的に指導するために必要である。作成にあたってさまざまな創意工夫や留意が必要である。

（ア）主題の設定と配列の工夫

主題（ねらいと資料）の設定では，子どもの実態と予想される心の成長，興味や関心などを考慮する。主題の配列は，主題の性格，ほかの教育活動との関連，学校や社会行事，季節的変化に配慮して計画する。

（イ）計画的，発展的な指導

学習指導要領「特別の教科　道徳」の内容項目に関する４つの視点を生かし，内容相互の関連を考慮した指導や小学校６年間，中学校３年間を見通した計画的，発展的な指導が行えるよう心がける。

第1章　道徳教育の計画

（ウ）重点的指導

　学年の重点目標を実現するために，主題（ねらいと資料）を選定し，月ごとに配列する。学校が重点的に指導しようとする内容項目は，指導時間を増やして繰り返し取り上げる。内容項目によっては，ねらいの質的な深まりを図ったり，問題解決的な学習など多様な指導方法を取り入れたりする。

（エ）各教科，体験活動などとの関連的指導

　主題によっては各教科などと関連を図り，年間指導計画に位置づける。集団宿泊活動やボランティア活動などと関連づけ，道徳的価値の理解を道徳的実践と関連づけられるようにする。

（オ）複数時間の関連を図った指導

　主題の内容によっては複数の時間の関連を図る。1つの主題を2単位時間で行い，複数の教材や指導法で行うことなどが考えられる。

（カ）特に必要な場合は他学年段階の内容を追加

　必要な場合は，当該学年の内容の指導を行ったうえで，学校の特色や子どもの実態や課題に応じて他学年の内容を加えることができる。

（キ）計画の弾力的な取り扱いについての配慮

　必要に応じて，時期や時数の変更，ねらいの変更，教材の変更，学習指導過程や指導方法の変更を行うことができる。

（ク）年間指導計画の評価と改善

　年間指導計画が効果的に実行されるためには，授業を実施した反省に基づき，全教師の共通理解のもとに，年間指導計画の評価と改善を行う。そのための研修体制の確立や多様な教材・資料の収集にも心がける。

　次ページに年間指導計画の例を示す。

95

平成２８年度　道徳・人権教育年間指導計画　　岐阜市立陽南中学校

月	めざしたい生徒の意識		道徳・特活 ○中心的指導主題 ○関連的指導主題 ・その他の主題	1年	2年	3年	特別支援	◆教科（総合的な学習の時間）□その他の教育活動
4	新しい学年や新しい仲間のなかで、仲間が共に高まっていこう。	道徳	○相互理解, 寛容 B－(9)・礼儀 B－(7)○節度, 節制 A－(2)	○道徳開き・キャッチボール・短い鉛筆	○道徳開き・一本のつつじ○小さなこと	○道徳開き・日本の心とも言えるの○0.5の世界	・くるくるまわれかざぐるま（がんばろう）・おじいさんこんにちは（すてきなあいさつ）○ノートのひづき（ものをたいせつに）	◆人の話をしっかりと聴く姿勢を身につけよう・新しい仲間を大切にするという意味から話し手の方を向いて聴かせる□自分から仕事を見つけて進んで活動しよう
		特活	【節度, 節制】・前期組織づくり　・野外活動（1年）・学級旗づくり　・野外活動の取組み（2,3年）◆新しい学級の仲間を知り、一人一人の願いを大切にした組織づくりをしよう・仲間のよさを認め合える温かい雰囲気をつくり出させる					
5	日常生活や野外活動のなかで、よりよい集団をつくるために自分でできることを考えていこう。	道徳	○よりよい学校生活 C－(15)○よりよく生きる喜び D－(22)○公正, 公平, 社会正義 C－(11)・友情, 信頼 B－(8)	○全校一をめざして○平手打ち・私は忘れない・いつも一緒に	○明かりの下の燭台○六千人の命のビザ○卒業文集 最後の二行・Mさんありがとう	○相手の立場を考える○二人の弟子○山川くんのこと	・おゆうぎかい（みんなのきまり）・七つぼし（美しいこころ）・ねこがわらった（ごまかし）・モムンとヘーテ（なかよく助け合う）	◆仲間の発言を温かく受け止めよう・仲間の方を向いて発言を聴かせる□目標達成のために、進んで協力していこう
		特活	【よりよい学校生活】・野外活動（2,3年）・学級目標づくり◆自分や仲間の高まりを認め合い、学級目標の達成に向かって取り組もう・仲間と共に活動することの大切さをわからせる					
6	日常生活を充実させ、学級を高めるなかで、友情や信頼を高めていこう。	道徳	・友情, 信頼（異性）B－(8)○思いやり, 感謝 B－(6)○郷土の伝統と文化の尊重 C－(16)・自主・自律　自由と責任 A－(1)	○森のバラード○消した痛み○郷土芸能クラブ・明日という言葉	・さくらんぼ○カーテンの向こう・祭りの夜・裏庭でのできごと	○「好き」と「愛する」と○車いすの少年・手取清水遺跡の発掘現場を訪ねて・私と部活動	○金色のクレヨン（ともだちだから）○雨の日の道あんな（しんせつ）・ぼくの発見コース（学校への道）○おじいさん　はいお水（よいと思うことは）	◆仲間と共に励まし合って学習しよう・賛成やつけたしの意見を積極的に出させる□日常活動に取り組む仲間の姿から、仲間のよさを見つけよう
		特活	【思いやり】・前期メイン活動◆前向きにがんばろうとしている仲間を大切にしよう・メイン活動の取組みのなかで、学級や仲間のために進んで活動させる					
7	身近な経験のなかから自分を見つめ、日常生活のなかで何事もやり抜いていこう。	道徳	・向上心, 個性の伸長 A－(3)○希望と勇気　克己と強い意志 A－(4)・よりよく生きる喜び D－(22)	・一番辛くて身体が動かないときと一番いい練習ができる○花の詩人・つかの間の出来事	・私は十四歳○こんな気持ちで終わりたくない・人命救助の真相	・吾平と久作○7.5mからのジャンプ○足袋の季節	・一りん車（素直な気持ちで）○シロクマのクウ（つらくてもやりぬく）○かさじぞう（美しい心）	◆周りの意見に流されず自分の考えをもって発言しよう・自分の考えを積極的に出させる□互いの高まりを確認し合おう
		特活	【勇気と希望　克己と強い意志】・二者懇談・三者懇談　・夏休みの生活設計◆自分や仲間の高まりを認め、学級目標に向かって取り組もう・呼びかけをする係の思いを受け止め、自分から学級目標に向かって活動させる					
8	自分の課題に向かって、計画を立て、やり抜いていこう。	特活	【強い意志】・夏休みの課題追究・前期期末テスト◆自分を振り返り、新たな課題に向かって、計画的にやり抜いていこう・課題を明らかにし、計画的に取り組ませる					□自分の生活が計画的であるか振り返ろう
9	自分を見つめ、自分の夢や希望を実現するためにできることを積極的に行っていこう。	道徳	○節度, 節制 A－(2)○真理の探究, 創造 A－(5)・集団生活の充実 C－(15)○思いやり, 感謝 B－(6)	○古びた目覚まし時計○メダカと飛んだ少女・長縄とび（※教生授業）・たどんのてんぷら	○わたしは悩んでいます・がんばっているつもりではなく, 本気でがんばること・マネージャー（※教生授業）・夕焼け	○独りを慎む○天職ってなんだろう・大ムカデ競走（※教生授業）・塩むすび	○るっぺ, どうした（よくかんがえて）○ワンワンくん, ファイト（さぁ, がんばって）・どうして, そうするの（みんなのために）・小道（お年寄りにやさしく）	◆仲間の意見を大切にしながら、自分の考えを積極的に発言しよう・仲間の意見をしっかりと受け止め、自分なりの考えを積極的に出させる□自分から仕事を見つけ、積極的に取り組もう
		特活	【理想の実現】・体育大会・前期の振り返り・後期生徒会役員選挙◆体育大会で学級の勝利を目標にして全力で取り組もう・自分から仲間のためや学級スローガンに向かって活動させる					

第 1 章　道徳教育の計画

月	めざしたい生徒の意識		◎中心的指導主題 ◎関連的指導主題 ・その他の主題	1 年	2 年	3 年	特別支援	◆教科 （総合的な学習の時間） □その他の教育活動
					道徳・特活			
10	日常活動を充実させるために，自分の力で責任をもって行動していこう。	道徳	◎自主・自律 A−(1) ・公共の精神 C−(12) ・遵法精神，公徳心 C−(10)	◎歯医者 ・誕生日のお祝い ・席替え 【中間発表】	◎白紙の答案 ・地下鉄で ・昼休みの自由 【中間発表】	◎背番号10 澤 穂希 ・心のバリアフリー ・二通の手紙 【中間発表】	◎モチモチの木（勇気をだして）・おでこのあせ（楽しく働く）・あぶ山（みんなのやくそく）◆課題を追究するなかで自分の考えを見つめ直そう ・自分の考え方や発言は偏ったものでないか冷静に判断させる □自分の役割に責任をもって行動しよう	◆課題を追究するなかで自分の考えを見つめ直そう ・自分の考え方や発言は偏ったものでないか冷静に判断させる □自分の役割に責任をもって行動しよう
		特活	【自主・自律】 ・後期組織づくり ・組織を見直し，自分の役割を見つめ直そう ・自分の役割を自覚し，責任を果たすことで仲間に認められる自分の存在感，効力感を実感し，充実感や達成感をもって生活させる					
11	学校や学級のなかでよりよい人間関係をつくりあげるために，だれに対しても差別なく接していこう。	道徳	◎公正，公平，社会正義 C−(11) ・相互理解，寛容 B−(9)	◎松本君への手紙 ・なくしたグローブ	◎図書館でのできごと ・言葉の向こうに	◎ゴールめざして ・ライバル	◎やっぱり、やめよう（やめる勇気）・お月さまとコロ（すなおなこころ）	◆仲間との意見交流によって考えを深めよう ・意見交流させるなかで，自分の見方，考え方を深めさせる □仲間のよさを学ぼう
		特活	【公正・公平 社会正義】 ・後期メイン活動 ・日常活動の充実 ・連合音楽会 ・後期メイン活動でがんばった仲間を認めよう ・活動のなかでだれに対しても分け隔てなく声がかけられるようにさせたり，正しいと思うことを積極的に実践させたりする					
12	高まりつつある学級のなかでの今までの自分の姿を見つめ，さらに自分を高めていこう。	道徳	◎友情・信頼 B−(8) ・家族愛 C−(14) ・真理の探究，創造 A−(5)	◎新人戦 ・トイレの神様 ・土と炎の芸術	◎星置きの滝 ・スダチの苗木 ・人生ゲームをしよう	◎真の友情 ・おじいちゃんの病気 ・人生の醍醐味	◎なおみさんは花だんかかり（かかりのしごと）・小さな おかあさん（家族のため）・できるようになった（あきらめないでがんばろう）	◆お互いのがんばりを認め合うとともに，新たな課題をつかもう ・自分の力を客観的に判断し，新たな目標を明確にもたせる □仲間と気づいたことを助言し合おう
		特活	【個性の伸長】 ・学級文化活動 ・学級目標達成に向けて，学級が取り組む課題をつかもう ・仲間との信頼関係を高めるとともに，互いのよさやいたらなさを指摘しながら，自分のよさを発揮させる					
1	自分のなすべきことをやり遂げ，学級や係の仕事で，精一杯働いていこう。	道徳	◎よりよい学校生活 C−(15) ・向上心，個性の伸長 A−(3) ・生命の尊さ D−(19)	◎白いキャンパス ・踏まれてタンポポ ・二度としない	◎ある卒業生との出会い ・虎 ・牛のお産	◎涼一の記念碑 ・じいちゃんへ ・命をいただく	◎しょうかいします（学校、大好き）・うれしく思えた日から（個性の伸長）・空色の自転車（かけがえのない命）	◆根拠に基づき，仲間と共に課題を追究していこう ・理由を明らかにして発言ができるようにさせる □自分の役割を精一杯の力でやり抜こう
		特活	【生命尊重】 ・学級文化活動 ・学年文化交流会（1,2,3年） ・自分や仲間の高まりを認め合い，学級目標の達成に向かって取り組もう ・自分の行動の背景にある気持ちに気づき，進んで協力させる					
2	学校，学級での生活を振り返り，特色ある文化があることを知り，伝統を引き継ぎ，大切に守っていこう。	道徳	◎勤労 C−(13) ・郷土を愛する態度 C−(16) ・国際貢献 C (10) ・自然愛護 D−(20)	◎八百屋のユニホーム ・一人の日本人として ・がんばれネパール ・やせこけたきつね	◎言われたことをやるのはあたりまえ ・さよならホストファミリー ・六千人の命のビザ ・落ち葉	◎加山さんの願い ・国 ・海と空一樫野の人々 ・薄墨の桜	◎私たちも仕事をしたい（係の仕事はいいきもち）・火の用心（自分たちの町を大切に）・かいらんばん（地域けんか H上）・あげはちょう（動物にやさしく）	◆自分や仲間の高まりを認め合いながら学習しよう ・課題解決に向けて仲間と育目を出し合いながら学習させる □自分や仲間の高まりを認め合いながら，日常活動に取り組もう
		特活	【勤労・社会奉仕】 ・日常活動の充実 ・お互いの個性を生かし合いながら誇りある活動に取り組もう ・仲間と質の高い文化を築き上げようと，進んで役割に取り組ませる					
3	学級の仲間や先生と歩みを振り返り，お互いに感謝や思いやりの気持ちをもって接していこう。	道徳	◎思いやり，感謝 B−(6) ・生命の尊さ D−(19)	◎ありがとう 会いたくて ・命の一滴	◎少年の親切はいくらか ・縄文杉の下で	◎キミばあちゃんの椿	◎きょうはどうしたのかな（先生、ありがとう）・一まいの写真（生きる力）	◆自分や仲間の高まりを認め合い，励まし合って学習しよう ・厳しく指摘し合ったり，励まし合ったりしながら学習させる □感謝の気持ちをもって，最後までやり抜こう
		特活	【感謝】 ・一年間のまとめ ・前期生徒会役員選挙 ・学級解散式 ・卒業式 ・仲間の内面の価値を認め，尊重できるようにしよう ・自分も仲間もかけがえのない人間であることを自覚させる					

97

第2部　道徳の指導法

❹　道徳教育の計画を改善・充実するために

　道徳教育の全体計画は全国の小・中学校においてほぼ完全に整備されながら，なかなかその計画どおりに実行できないという現状がある。道徳教育の計画を実質化するためには，どのような点に留意する必要があるだろうか。

　まず，道徳教育においてもPDCAサイクルを導入することである。つまり，道徳教育と道徳授業に関する計画を立て（Plan），それに基づいて教育や授業を実施し（Do），その効果について検証や省察を行って評価し（Check），その結果を踏まえて改善する（Action）というサイクルを行い，目標を確実に達成できるようにする。そして，道徳教育でも道徳性の発達を保障するために，計画の実施状況や目標の実現状況を評価すべきである。

　次に，道徳教育の年間指導計画は，年度の終わりに総括的評価をするだけでなく，事前の診断的評価や途中の形成的評価を取り入れることである。というのも，道徳教育の目標に関する評価は，年度の最後（2月から3月ごろ）に行われるのが一般的だが，この時期に全体を評価しても学期中の改善にはあまり生かせない。また，年度をまたぐと，担当者や教員の入れかわりがあって継続性に難が生じるからである。

　道徳教育の計画は，「事前」に学校や子どもの実態を調査して理解したうえで具体的な教育目標を立てる。次に，年度の途中のいくつかの経過地点で指導によって計画が実現しているかを評価し，部分的に計画を修正する。そして，年度の最後になる「事後」に道徳教育の目標全体の実現状況を評価する。特に，重点的目標や今日的課題については，年度の途中で計画を形成的評価することで，検証・省察し，適宜改善を図って目標を実現させることが大事になる。

　第3に，最終的にもたらされる結果から，さかのぼって道徳教育を計画する必要がある。つまり，どのような評価をするかを見すえたうえで，道徳教育の計画を「逆向き設計」するのである。道徳教育の目標は，学習指導要領に関連づけられ，一般的で抽象的な目標（方向目標）で示されることが多い。そのた

98

め，道徳の目標は形式的なお題目となりがちで，指導方法や評価とも一体化しにくい。そこで，道徳教育の目標を，子どもの行動レベルにも対応させた具体的な目標にして設定することも考慮すべきである。

第4に，道徳科の年間指導計画には，指導内容と指導方法を共に示す必要がある。一般的に年間指導計画は，学習指導要領で示される内容項目を形式的に（教科書に合わせて）割り振るため，形式的で総花的になりがちである。そこで，道徳教育の目標に合わせて重点項目を設定し，指導内容と多様な指導方法をセットで示し，育成すべき資質・能力を明示することが望まれる。

こうして道徳科の授業を学校の道徳教育全体の要として機能させ，重点目標を明確に打ち出し，各教科などと意図的に関連づけ，学校生活のみならず家庭教育や地域での学習とも関連づけ，有機的なまとまりをもたせた総合的な道徳教育を構想し，実行していくようにする。

研 究 課 題

（1）道徳教育の全体計画はどうすれば有効に機能するか。

（2）道徳科の年間指導計画は各教科・領域や学校行事とどのように関連づけるべきか。

第2部

道徳科の基本方針

❶ 考え議論する道徳科とは

　2015（平成27）年3月に小・中学校の学習指導要領の一部改正が行われ，従来の「道徳の時間」が「特別の教科 道徳」（以下，道徳科）として新たに位置づけられた。道徳科を特別の教科として新たに位置づけるうえで，「考え議論する道徳」を実現することが目指されている。この「考え議論する道徳」とは，アクティブ・ラーニングや「主体的・対話的で深い学び」に対応した道徳授業であり，具体的には「問題解決的な学習」や「体験的な学習」を積極的に取り入れた多様で効果的な指導法である。

　こうした道徳科における指導法の転換は，今次の学習指導要領全体の大幅な改訂とも連動している。2020年から全面実施される今次学習指導要領では，「主体的・対話的で深い学び」を積極的に導入することになる。それに先行して，小学校では2018年から，中学校では2019年から全面実施される「特別の教科 道徳」では，この「主体的・対話的で深い学び」を先取りして実践することになる。

　道徳が教科化される発端となったのは，2011（平成23）年に滋賀県大津市の中学校で起きたいじめに関する痛ましい事件であった。これまでも道徳授業はいじめ防止や解消に取り組んできたわけだが，そこでは読み物教材に登場する登場人物の心情を理解することにとどまる指導が一般的で，実効性に乏しいことが指摘されてきた。そこで，2013（平成25）年2月に出された教育再生実行会議の「いじめ問題等への対応について（第1次提言）」では，「道徳の特性を踏まえた新たな枠組みにより教科化し，指導内容を充実し，効果的な指導

方法を明確化する」方針が示されたのである。

こうした経緯を踏まえて，松野博一文部科学大臣は，2016（平成28）年11月18日に次のような大臣メッセージを出している。「これまでの道徳教育は，読み物の登場人物の気持ちを読み取ることで終わってしまっていたり，『いじめは許されない』ということを児童生徒に言わせたり書かせたりするだけの授業になりがちと言われてきました。現実のいじめの問題に対応できる資質・能力を育むためには，『あなたならどうするか』を真正面から問い，自分自身のこととして，多面的・多角的に考え，議論していく『考え，議論する道徳』へと転換することが求められています」。こうした大臣メッセージこそが文部科学省の基本的方針であり，「考え議論する道徳」が導入された所以でもあった。

道徳が教科化されるうえで課題とされたのは，授業が画一化・形骸化しており，実効性に乏しい点である。そこでは「読み物教材の登場人物の心情理解のみに終始する指導」や「望ましいと思われることやわかりきったことを言わせたり書かせたりする指導」が多いことが指摘されてきた。

そうした道徳授業では，読み物教材に登場する人物の気持ちを各場面で理解させ，ねらいとする道徳的価値を自覚させることが目的となるため，パッシブ・ラーニング（Passive learning　受動的な学び）になりがちであった。こうした道徳授業は，学年が上がるにつれて子どもたちの受けとめが悪くなる傾向があり，授業後の子どもたちの日常生活にも反映されず，実効性に乏しいことが指摘されてきた。特に，こうした道徳授業では，実際のいじめ問題や人間関係や今日的課題（情報モラル，生命倫理，主権者教育，障がい者理解など）に対応できていないことも懸念されてきた。それゆえ，従来のように登場人物の心情を読み取らせ，道徳的価値を知識内容（コンテンツ）として子どもに教え込む「読む道徳」から脱却し，子どもが道徳上の諸問題に向き合い，多面的・多角的に考え主体的に判断し議論することで，資質・能力（コンピテンシー）としての道徳性を育成する「考え議論する道徳」へと質的転換することが求められたのである。これがいわゆる「コンテンツ・ベースの道徳」から「コンピテンシー・ベースの道徳」への質的転換である。

第2部　道徳の指導法

❷ 「主体的・対話的で深い学び」の実現

　道徳科の指導方法は，上述した目標を達成するために，登場人物の心情を「読み取る道徳」から「考え議論する道徳」へと質的転換を図ることになる。このことは道徳科が各教科などにさきんじて「主体的・対話的で深い学び」を取り入れることとも関係している。

　「考え議論する道徳」では「主体的・対話的で深い学び（アクティブ・ラーニング）」を具体的にどのように取り入れるべきか。次期学習指導要領で全教科などに導入される「主体的・対話的で深い学び」には3つの視点がある。2016（平成28）年12月の中教審答申と翌年3月に公示された学習指導要領を踏まえ，「考え議論する道徳」の指導法を「主体的な学び」，「対話的な学び」，「深い学び」の各論と関連づけながら特徴づけていきたい。

（1）道徳科の「主体的な学び」

　1つ目の「主体的な学び」とは，「学ぶことに興味や関心をもち，自己のキャリア形成の方向性と関連づけながら，見通しをもって粘り強く取り組み，自己の学習活動を振り返って次につなげる」学びである。

　これを「考え議論する道徳」と関連づけると，「主体的な学び」とは，「①子どもが問題意識をもち，②自己を見つめ，道徳的価値を自分自身とのかかわりで捉え，自己の生き方について考える学習とすることや，③各教科で学んだこと，体験したことから道徳的価値に関して考えたことや感じたことを統合させ，④自ら道徳性を養うなかで，自らを振り返って成長を実感したり，これからの課題や目標を見つけたりすること」である。

　まず，「主体的な学び」にするためには，子どもが興味・関心をもって切実に考えたくなるような道徳的問題を設定することである。ここでは子どもの発達段階を考慮したうえで，道徳的・社会的課題を取り上げ，子ども自身が道徳的問題に向き合い，そこから自らの課題を見いだせるようにすることが大事で

102

ある。

　次に，道徳的問題を自分自身と関連づけて，自己を見つめ直し，自分ならどう生きるかを主体的に考え，判断し，議論することである。登場人物の価値観や生き方を子どもに押しつけるのではなく，子どもが登場人物の立場になってどう生きるべきかを考えることが大事になる。こうした学びは，従来のように読み物教材を読んだ後に，「登場人物はどんな気持ち（考え）だったか」「登場人物はなぜそうしたか」を理解させて，それにかかわる道徳的価値を自覚させる（教え込む）指導法とは異なる。

　第3に，子どもたちはすでに自らが習得した知識や経験と関連づけて解決を試みることである。この「主体的な学び」は，現在の学習活動だけでなく，それ以前の道徳授業やほかの教科などと結びつけ，現在の学びが過去に学んだ知識・技能や体験したこととどう関連しているかを考えさせ統合する。

　第4に，子どもが主体的に学び，考え，判断し議論しながら，道徳的問題を解決することを通して学んだこと，考えたこと，感じたことを振り返ることである。特に，授業の終末部では，将来の学び（次回以降の道徳授業や各教科などの授業）とどうつながるか，今後どう行動し，習慣化するかを省察し，学び全体を俯瞰しながら取り組むことになる。

　学期や学年の終わりには，その期間に行われた道徳授業全体を振り返って，自らが成長したことを実感できるようにする。そのためには，学習の過程や成果などの記録をファイルなどにまとめておき，自らの学習状況をポートフォリオ形式で振り返られるようにしておくことも有効になる。そして自分がまだ十分に達成できていないところは，将来の課題や目標として取り組めるようにすることも効果がある。

（2）道徳科の「対話的な学び」

　2つ目の「対話的な学び」とは，「子ども同士の協働，教職員や地域の人との対話，先哲の考え方を手がかりに考えることなどを通じ，自己の考えを広げ深める」学びである。

第2部　道徳の指導法

　これを「考え議論する道徳」と関連づけると，「対話的な学び」とは，「①子ども同士の協働，②教員や地域の人との対話，③先哲の考え方を手がかりに考えたり，④自分と異なる意見と向かい合い議論すること，道徳的価値の葛藤や衝突が生じる場面を多面的・多角的に議論することなどを通じ，自分自身の道徳的価値の理解を深めたり広げたりすること」である。

　「対話的な学び」にするためには，子どもが道徳的な問題についてさまざまな他者との対話を通して，多面的・多角的な見地から考えを発展させていくことが重要になる。基本的には，子ども同士で対話する。具体的には，読み物教材を読んだ後に，道徳的な問題について子ども同士で解決策を話し合う。例えば，2人1組のペア学習で話し合ったり，4人1組ほどのグループで話し合ったりして，学級全体での話合いにつなげていく。このように学級全体で話し合う前にペアやグループ学習を有効利用することで，子ども一人一人が自分の意見を表明できるとともに，身近な友達の意見を理解し合い，学び合えることで，みんなが主役となって率直に話し合えるようになる。

　また，子どもが教師や地域の人々など大人と対話することも参考になる。知識や経験が豊かな教師や大人（保護者や地域の人々）が「一方的に教える立場」ではなく，子どもと「共に考え議論する立場」に立ってグループや学級全体で率直に話し合うようにするのも有意義である。

　さらに，教材に示された先哲の考え方と対話することもできる。偉人・先人や有名な人物の言動（名言・格言など）を参考として，一般の人々とは違った偉大な考えや独創的な考えにふれて，自己の生き方や人間としての生き方について考えを深めることができる。

　こうしたさまざまな他者との対話や教材との対話は，自己の生き方を振り返ったり展望したりすることになり，自己内対話にもつながっていく。また，さまざまな他者と多面的・多角的に対話し議論することによって，自分と異なる意見と向かい合い，自分一人では気づかなかったことが理解できるようになったり，考えを広げたり深めたりするきっかけになる。このようなさまざまな「対話的な学び」を通して思考・判断・表現することが，集団活動における配

104

第2章　道徳科の基本方針

慮や協力を行う道徳的実践の場となり，豊かで積極的な交流を通した成長の場ともなる。

（3）道徳科の「深い学び」

3つ目の「深い学び」とは，「各教科等で習得した概念や考え方を活用した見方・考え方を働かせ，問いを見いだして解決したり，自己の考えを形成して表したり，思いを基に構想，創造したりすることに向かう」学びである。

これを道徳科と関連づけると，「深い学び」とは，「①道徳的諸価値の理解をもとに，自己を見つめ，物事を多面的・多角的に考え，自己の生き方について考える学習を通して，②さまざまな場面，状況において，道徳的価値を実現するための問題状況を把握し，適切な行為を主体的に選択し，③実践できるような資質・能力を育てる」ことである。

こうした「深い学び」にするためには，第1に，すでに習得した概念（道徳的価値や技能）を活用した見方・考え方を働かせて，道徳的問題を多面的・多角的に考えることである。また，習得した道徳的な判断基準に基づく見方・考え方を働かせて問題に取り組むことができる。

第2に，子ども自身が道徳的な問題状況を把握し，そこから解決すべき課題を見いだし，その問題を自分のこととして捉え，「自分だったらどのように行動すべきか」を考え議論することである。こうした問題発見学習と問題解決学習をセットで行うことが重要である。

さらに，自己の考え方を形成しながら，自己の生き方や人間としてのあり方を探究する。前述した「主体的な学び」や「対話的な学び」も，問題の発見や解決を通して「深い学び」に関連していく。道徳的問題に主体的に取り組み，さまざまな見方・考え方を活用・汎用し，他者と協働的に探究することで総合的に「主体的・対話的で深い学び」となっていく。

読み物教材を用いた場合，登場人物の判断や心情を自分とのかかわりにおいて多面的・多角的に考えることを通して，道徳的価値の理解を深めることができる。また，問題解決的な学習において子どもの考えの根拠を問うたり，問題

105

第2部　道徳の指導法

場面を自分に当てはめて考えたりすることを通して，問題場面における道徳的価値の意味を深く理解するとともに，それを解決する能力を育てることができる。さらに，体験的な学習において，疑似体験的な活動を行い，実際の問題場面での実感を伴いながら道徳的習慣や行為につながる資質・能力を育てることができる。

❸　道徳科の質の高い多様な指導法

「考え議論する道徳」は，子どもの発達段階を踏まえて道徳的・社会的問題を取り上げ，その解決策を考え議論する授業形態になっている。「考え議論する道徳」の代表的な指導法である問題解決的な学習は，次のように定義されている。「道徳科における問題解決的な学習とは，生徒一人一人が生きる上で出会う様々な道徳上の問題や課題を多面的・多角的に考え，主体的に判断し実行し，よりよく生きていくための資質・能力を養う学習である」（中学校学習指導要領解説　特別の教科 道徳編）。

文部科学省が提示する「考え議論する道徳」の事例は，基本的に問題解決的な学習に対応したものである。例えば，過ちを許す立場（相互理解・寛容）と自分勝手を許さない立場（規則尊重）で対立・葛藤がある場合にどうすればよいかを考えるものがある。また，信頼や友情を育む心（友情・信頼）と同調圧力に流されない心（公正・公平・社会正義）が対立した場面にどうしたらよいかを話し合うものもある。

そのほかにも，2016（平成28）年に改訂された『私たちの道徳』では，問題解決的な学習に対応した教材や発問が豊富に盛り込まれた。例えば，小学校1・2年では，友達のおさるさんが仲間外れにされている場合，うさぎさんはどうしたらよいかを話し合う例がある。小学校3・4年では，ボール投げをして窓ガラスを割ってしまった後，どうしようか「心のつな引き」を考える事例がある。小学校5・6年生では，自然環境の悪化や絶滅危惧種の野生動物を取り上げ，「私たちに何ができるか」を考える事例がある。中学校では「いじめ

を解決するために何ができるか」を考えるために，世界人権宣言，正義感のアンケート調査，ガンジーのコラム，いじめ撲滅宣言を提示して比較しながら検討する例がある。

こうした学習指導要領の解説書や『私たちの道徳』の改訂を踏まえたうえで，「道徳教育に係る評価等の在り方に関する専門家会議」の報告書（2016年7月）では，道徳授業における「質の高い多様な指導法の例」として3つの指導法を取り上げている。以下でこれらの指導法について詳しく検討したい。

（1）読み物教材の登場人物への自我関与が中心の学習

この指導法のねらいは，「教材の登場人物の判断や心情を自分とのかかわりで多面的・多角的に考えることなどを通して，道徳的諸価値の理解を深める」ことである。単に「登場人物の心情理解を読み取る指導」ではなく，登場人物に子どもの自我を関与させて，「自分だったらどうするか」「どうしてそうするのか」まで考えることが重要になる。国語科では，登場人物の心情や作者の意図を正確に読み取ることが重視されるが，道徳科では登場人物の心情や考え方に子ども自身の自我を関与させて，「自分ならどうするか」「なぜそうするのか」を考え議論することが肝心になる。

この指導法は，登場人物の心情を理解させることが目的ではなく，ねらいとする道徳的価値を子どもに理解させることが目的である。こうした知識理解を主とした従来型の指導法では，すでに答えが1つに決まっているため，特定の道徳的価値観を子どもに押しつけることになったり，子どもにわかりきったことを言わせたり書かせたりする学習になりがちであり，注意を要する。

（2）問題解決的な学習

道徳科における問題解決的な学習のねらいは，「道徳的な問題を多面的・多角的に考え，児童生徒一人一人が生きる上で出会う様々な問題や課題を主体的に解決するために必要な資質・能力を養う」ことである。

具体的には，「ここでは何が問題になっていますか」という問題発見的な発

第2部　道徳の指導法

問をして,「どうすれば○○（道徳的諸価値）が実現できるのでしょう」,「同じ場面に出合ったら自分ならどう行動するでしょう」という問題解決的な発問をすることができる。こうした発問からもわかるように,この指導法には問題の発見や解決を通して「主体的・対話的で深い学び」に対応している。子どもに答えがわかりきったことを聞くのではなく,答えが1つではない問題に向き合い,そこに道徳上の課題を見いだす。それをどのように解決するかについて,すでに習得した道徳的諸価値や体験したことを活用して,主体的に考え判断し,協働して議論する資質・能力を養っていくところに特徴がある。その一方で,問題解決的な学習を通して,例えば「ほんとうの思いやりとは何か」などを追究することで,道徳的諸価値の理解をよりいっそう深める機会にもなる。

（3）道徳的行為に関する体験的な学習

道徳科では,体験的な学習を取り入れることも大事になる。体験的な学習のねらいは,「役割演技などの疑似体験的な表現活動を通して,道徳的価値の理解を深め,様々な課題や問題を主体的に解決するために必要な資質・能力を養う」ことである。

この体験的な学習では,子どもが道徳的な問題場面において取りうる行動について役割演技をしたり,道徳的行為に関する体験的な活動を行ったりすることができる。例えば,実際の問題場面を役割演技で再現し,登場人物の葛藤などを理解するとともに,問題場面で取りうる行動について多面的・多角的に考え,その問題を解決する資質・能力を養う。道徳と関連した問題場面を提示して,具体的な言動のあり方について話し合い,役割演技する体験的な学習である。例えば,人間関係のトラブルを話し合い,どのように行動したらよいかについて考え,その解決策を役割演技で行って検討するのである。単に解決策を提案するだけでなく,複数の解決策をそれぞれ役割演技するなかで,そのメリットやデメリットを確認することができるだろう。それゆえ,従来の役割演技や動作化のように主人公の心情を理解するための指導法とは異なる。

また,教材で提示された問題と共通した新たな場面を提示して,取りうる行

108

動を再現し，道徳的価値や実現するために大切なことを体感することを通して実生活における問題の解決に見通しをもたせる。道徳的問題の解決方法をこのように別場面で活用・応用し，考え議論することによって汎用力を育成することもできる。

　以上の３つの指導法のなかでは，２番目の問題解決的な学習と３番目の体験的な学習が「様々な課題や問題を主体的に解決するために必要な資質・能力を養う」ことを目的とした「考え議論する道徳」の典型であり，「主体的・対話的で深い学び」にも対応している。ただし，それぞれの指導法が完全に独立しているわけではないため，上述したようにそれぞれの要素を組み合わせた指導を行うこともできる。

　道徳科では，子どもが道徳的な問題を自分のこととして捉えて考え議論するなかで，道徳的な見方・考え方を育成できるようにする。そのために，質の高い多様な指導法を取り入れることが求められる。従来の道徳授業に代わる指導方法としてはどのようなものが考えられるか。登場人物への自我関与（心情理解）が中心の学習だけでなく，問題解決的な学習や体験的な学習を積極的に取り入れた道徳授業が大事になる。道徳科では，各教科などに先駆けて「主体的・対話的で深い学び」を取り入れ，「考え議論する道徳」として授業展開することが求められる。その際，新たに問題解決的な学習や体験的な学習を道徳科に取り入れることで，多様で効果的な指導を行い，資質・能力としての道徳性を育成することが求められる。

　　研究課題

（１）登場人物の心情理解（自我関与）を中心にした指導法と問題解決的な学習の指導法の類似点と相違点を述べよ。

（２）子どもの道徳性を育成するために，どのような指導法が望まれるか。

コラム4　道徳授業は楽しいですか？

　「道徳授業は楽しいですか」と尋ねたら，どんな答えが返ってくるだろうか。自分の小・中学校時代を振り返って考えてほしい。

　例えば，金井肇らが1995（平成7）年に小・中学生を対象に実施した「道徳授業についてのアンケート調査」によると，道徳の時間が「楽しい」と答えているのは，低学年で55.2％と高いものの，中学年では36.5％，高学年では18.9％，中学1年生では15.7％，2年生では6.0％，3年生では5.2％と下がっていく。各教科と比較すると，小学校の低学年でこそ人気は高いものの，中学年から急降下して，高学年から中学校にかけては最下位あたりに位置するようになる。

　「道徳授業を楽しくないと感じる理由」としては，小学生では1位が「いつも同じような授業だから」（42.1％），2位が「こうすることがよいことだとか，こうしなければいけないということが多いから」（30.7％），3位が「資料や話がつまらないから」（28.7％）である。中学校でもほぼ同じ傾向にあり，中学2年生を例にとると，1位が「いつも同じような授業だから」（54.4％），2位が「資料や話がつまらないから」（32.1％），3位が「こうすることがよいことだとか，こうしなければいけないということが多いから」（26.3％）である。

　筆者もこれまで複数の大学において，小・中学校の道徳授業に関するアンケート調査を学生にしてきたが，一般に批判的なものが多い。例えば，次のような学生のコメントが目立つ。

　「授業がいつも同じパターンで，始まる前から教師の口ぶりや最後のオチまで予想がついてしまう」「国語の授業とあまり変わらない」「道徳の話はだれでもわかる簡単なことだが，わからない振りをして話し合わなければならなかった」「道徳の価値を単純に受け取らないで疑問を言ったら，人格を疑われた」「先生が無理やり価値について言わせておいて，『よく気づいたね』などと言わ

れると嫌気がさした」。

　もちろん，道徳授業に関する肯定的なコメントもある。例えば，「人の心理を考えるのが好きなので，道徳の時間は面白かった」「人間の気高い生き方を描いた感動的な資料が多かったので，道徳の時間を楽しみにしていた」などがある。

　このように大学生が道徳授業を振り返った場合のコメントは，賛否両論あるものの，例年「面白くない」「ためにならない」という否定的なコメントが8割方ある。これは前述したアンケート調査で，小学校高学年から中学生にかけて道徳授業を肯定する割合が2割以下であるのと同じ傾向にあるといえる。

　それに対して，教師側の意識としては，「面白い」あるいは「ためになる」と考える割合が少なくない。例えば，2005（平成17）年度の「道徳教育推進状況調査」の結果によると，「道徳の時間を『楽しい』あるいは『ためになる』と感じている児童生徒がどの程度いると思うかと学校に質問したもの」では，「ほぼ全員」と「3分の2くらい」を合算した肯定率が，小学校低学年では87.9％，中学年で76.8％，高学年で60.7％，中学校1年で49.8％，2年で40.8％，3年で39.7％である。

　こうした教師向けのアンケート調査は，さきほどの子ども向けのアンケート調査と比べると，はるかに高い割合を示している。しかし，それは教師が自分の道徳授業に対して行う自己評価であり，「楽しくはないが，ためにはなっている（はずだ）」「ためにはなっていないが，楽しそうだ」という希望的観測もすべて肯定率に含まれていると推察される。

　こうした教師向けのアンケート調査結果から，文科省では道徳授業の肯定率を「おおむね良好」と判断しているが，むしろ子ども向けのアンケート調査との大きなギャップにこそ，問題の根深さと深刻さを読み取るべきであろう。道徳的価値を「押しつける授業」から，道徳の問題を「考え議論する授業」への質的転換が求められる。

第2部
第3章 道徳科の学習指導の展開

　道徳科の目標は，前述したように「よりよく生きるための基盤となる道徳性を養うため，道徳的諸価値についての理解を基に，自己を見つめ，物事を（広い視野から）多面的・多角的に考え，自己（人間として）の生き方についての考えを深める学習を通して，道徳的な判断力，心情，実践意欲，態度を育てる」（かっこ内は中学校）ことである。この目標を達成するためには，各教科などにおける道徳教育と密接な関連を図りながら，年間指導計画に位置づけられた主題を適切に指導しなければならない。

　道徳科の学習指導案は，ねらいを達成するために，どのような内容項目をどのような方法でどのような順序で指導するかを示すものである。まず，子どもの発達段階や学級の実態を踏まえ，現実に即した主題とねらいを設定する。次に，学習指導過程を計画して，教材や発問をよく吟味する。授業全体を通して，子ども一人一人が自らの人生を振り返り，自分づくりや人間関係づくりができるようにすることが肝心である。

　学習指導案は，一般的に次のような事項が取り上げられている。

❶ 主題設定の理由

　学習指導案には，年間指導計画における主題名と教材名を記した後に，その主題を設定した理由を記す。子どもたちを取り巻く日常生活においてどのような道徳的問題があり，どのような目標とねらいを設定したかで主題が決まる。道徳授業のねらいは，学習指導要領の内容項目と対応しており，それに応じた主題を設定する必要がある。学校内外で子どもたちにかかわる道徳的問題が生

じたり学校行事が予定されたりしたら，それに関する主題を道徳授業に組み込むこともできる。主題設定の理由として述べるべき内容は，おもに以下の3つである。

①ねらいや指導内容についての教師の捉え方

教師が道徳的問題をどのように捉え，どのような解決策を考えており，子どもたちにどのように伝えたいのかを明確にする。また，道徳的価値に関しては，一般的な意味だけでなく原理的な意味を踏まえ，ほかの道徳的諸価値と関連づけたり，子どもたちの実態に即した道徳的価値の意義を掘り下げたりする。

②子どもたちの学習状況や実態と教師の願い

子どもたちの道徳性（道徳的判断力，心情，実践意欲，態度）の発達状況やこれまでの学習状況を把握する。道徳的な問題状況を明らかにし，解決すべき課題を主題として設定する。子どもの肯定的な面やこれから伸ばしていこうとする観点から積極的な捉え方を心がける。

③教材の特質やその具体的な活用方法

教材の特質に合わせた主題を理解するとともに，教師が教材の内容をどう解釈し，どのような道徳的問題やテーマを取り上げ，どのような道徳的見方・考え方を目指すのかを明らかにする。子どもの発達段階や指導の流れを踏まえ，より具体的で積極的な教材の活用方法を記述する。

❷ ねらいの立て方

一般的に道徳授業のねらいは，学習指導要領にある内容項目をもとにして年間指導計画に位置づけ，子どもの実態にも対応させて立てる。学習指導要領にある内容項目に合わせたマクロの視点，子どもの実態や読み物教材に合わせたミクロの視点，そして（抽出した）個別の子どもに対応させた視点の3本を立てるとより構造的かつ具体的になる。

①内容項目に即した「大きなねらい」

ねらいでは，まず授業の「内容や主題」を掲げ，次にそれを達成するための

第2部　道徳の指導法

「学習活動」を述べ，最後にその授業で「育成すべき資質・能力」を示す。

「内容や主題」は，学習指導要領の内容項目にある道徳的諸価値と関連づけて設定する。「学習活動」は，例えば，多面的・多角的に考えること，問題を発見し解決すること，葛藤を考えること，共感的に理解すること，対話・議論すること，協働して探究することなどが考えられる。「育成すべき資質・能力」は，道徳的な判断力，心情，実践意欲，態度などがある。

②**教材に即した「小さなねらい」**

教材に即したねらいは，1コマの授業時間内に達成しようとする具体的な内容にする。ここでも道徳的諸価値の理解にとどまらず，その授業で用いる学習活動と育成すべき資質・能力を具体的に示す。

例えば，教材の主人公（登場人物）の立場で，公正・公平にかかわる問題に取り組み，多面的・多角的に考え協働して解決する学習を通して，主体的に道徳的な価値判断ができる能力（道徳的判断力）を養う。また，相互理解・寛容についての理解をもとに，複数の登場人物の立場を共感的に理解しながら，自他の意見を尊重して調整する判断力や態度を養うことも考えられる。

③**子ども一人一人に即したねらい**

子どもはさまざまな個性や特性をもち，それぞれ課題や目標をもって生きている。そこで，できるだけ子ども一人一人の個性や課題に応じたねらいを設定し，具体的な課題を考え議論する際に支援することが望ましい。毎時，子ども全員分を用意できない場合は，抽出児童を何名か設定して，その子どもたちに適した課題や指導のねらいを立てることもできる。

❸　子どもの実態の捉え方

子どもの実態を捉えるには，学級の大まかな傾向を調査し，数人の子どもを観察して，一般的な特徴や課題を導き出す。以下に示すアンケート調査や面接，ポートフォリオなどを用いて，事前・事後の指導や授業評価に反映させていくこともできる。

114

①道徳意識アンケートやエゴグラムなどの活用

　質問紙などで調査をし，子どもたちの日常生活の経験に根ざした価値観や心理状況を把握する。道徳授業の効果を心理学的に評価することは，事後指導や追跡調査をするためにも有効である。質問紙には，学校生活アンケートや学級満足度テスト，エゴグラム，道徳性アセスメントHUMAN，Q-Uなどがある。ただし，こうした質問紙の回答は，子どもを取り巻く環境や生活の様子，人間関係などから影響を受けやすいため，時期や事情で容易に変化しうることを留意しておきたい。

②面接法

　事前調査の段階で，問題解決の場面に関する発問をアンケート形式で個別に行い，子どもたちの考え方や返答を把握しておく。同様の発問を授業中や事後調査でも行い，考え方の変化を確認すると，子どもの道徳的判断力を評価することができる。学級全員を対象とするのが望ましいが，授業のタイプ別に数名の子どもたちを対象として行うこともある。

③ポートフォリオの作成

　学期の初めの道徳授業で，子どもたちの人生目標に即したポートフォリオ（自己紹介や特徴を記した業績集）を作成する。子どもたちは「どういう自分になりたいか」「自分がより成長するためには，どのような資質・能力や道徳的価値が必要か」「何が足りないか」を考え，人生の目的意識をもつことで，道徳授業により意欲的に取り組むことができる。また，このポートフォリオには，道徳に関連するテーマ（例えば，「私の長所と短所」「いま，がんばっていること」「自分の尊敬する人」など）について作文を書いて収録しておいてもよい。

　道徳授業で用いたワークシートは，このポートフォリオにすべて収録しておき，学期や学年の最後に自分の道徳的成長を振り返られるようにする。

第2部　道徳の指導法

学校満足度のテスト例（中学校）

1. クラスの人たちはあなたに声をかけてくれたり親切にしてくれたりしますか。
2. あなたはクラスの人や先生から尊重されていますか。
3. 失敗したときにクラスの友達は慰めたり励ましたりしてくれますか。
4. クラスの友達はあなたの本音や悩みを聞いてくれますか。
5. 何かをしようとするとき，クラスの友達は協力したり応援したりしてくれますか。
6. 授業中に自分の考えを発表するとき，クラスの人たちはしっかり聞いてくれますか。
7. クラスの人に嫌なことを言われたり，からかわれたりすることがありますか。
8. クラスの人に暴力を振るわれるなど，辛い思いをすることがありますか。

❹　学習指導過程の流れ

　道徳科の学習指導展開の流れとしては，大きく「導入・展開・終末」の3つの段階に分けることができる。こうした学習指導過程において，子どもの学習活動，おもな発問と予想される子どもの発言，指導上の留意点，指導の方法，評価の観点などを指導の流れに即して記述する。

　子どもがどのような問題意識をもって学習に臨み，ねらいとする道徳的価値を理解し，自己を見つめ，多様な感じ方や考え方によって学び合い，どのように考えを変容（深化・拡大）させていくかを予想しながら，授業全体の展開を構想する。ただし，指導の流れが特定の価値観を子どもに教え込むような展開とならないように，子どもが道徳的価値にかかわる問題を主体的に考え，議論することを通して，よりよい生き方を協働して探究していけるようにする。

　学習指導過程の一般的な流れとしては，導入において日常生活から道徳的な

テーマを取り上げて問題意識を高め，展開において教材を用いながら道徳上の問題を考え議論し，終末において学習で学んだことをまとめたり，自分の生活を振り返ったりすることが多い。

（1）事前指導（調査）

①子どもたちの実態や価値観を調査する

　子どもの実態を観察したりアンケート調査をしたりして，子どもたちがどのような価値観や行動規範をもっているか事前に把握する。また事前に，授業に関連した発問（勇気のある行為とは何かなど）を面談やアンケートで複数人に行い，子どもの反応や発言を調査しておくこともできる。

②事前にできる体験活動や読書などをする

　所要時間の長い文章教材（例えば長編の伝記）の読書，視聴覚教材（例えばドキュメンタリー映像）の鑑賞，学校行事などの体験活動は，別の時間（例えば特別活動，総合的な学習の時間，宿題）と関連づけて事前に行っておく。それらの感想文を書かせることで，子どもたちの反応や考えを確認しておき，道徳授業では教材の内容を確認する程度にして，すぐに話し合いを始める。

（2）導入の工夫……日常生活から道徳的テーマを考える

　導入は，主題に対する子どもの興味や関心を高め，学習の意欲づけを図る段階である。授業の展開部分で取り上げる道徳的テーマを，日常生活に関連づけて簡潔に考え話し合うことが多い。ここでは，道徳的テーマのイメージを広げて把握しやすくするために，関連するデータや記事を取り上げることもできる。この段階では，子どもたちに模範解答を求める必要はなく，普段の生活で思っていることを気軽に語り合えるようにする。

　導入のおもな発問は，事前にアンケートで調査しておくか，授業中にワークシートやノートに記入させ，最初の段階で子どもが授業で取り上げる道徳的テーマをどのように捉えていたかを確認しておくとよい。導入のパターンは，一般的に以下のようなものがある。

117

第2部　道徳の指導法

①**個人的な経験から道徳的テーマを考える**

　道徳的テーマを具体的に考えられるように，過去の子どもたちの体験や実際の事例を取り上げる。例えば，友情を考えるために，「友達がいてよかったと思うことはありますか」と尋ねる。

②**具体的な事例から道徳的テーマを考える**

　展開部で扱う道徳的テーマと類似した問題を事例として提示し，話し合う。例えば，友達の過ちを指摘できるかと尋ねる。

③**ねらいとする道徳的諸価値について考える**

　ねらいとする道徳的テーマを提示して，子どもたちが自分なりに定義づけしてみる。例えば，「思いやりとは何か」と尋ね，授業を通してその価値を首尾一貫して探究できるようにする。

　自らの体験や見聞した事例から導き出された道徳的価値の一般的な意味だけでなく，そのほんとうの意味や意義を尋ねる。例えば，「ほんとうの友情とは何だろうか」「ルールはなぜ必要だろう」と根源的に尋ね，深く考えるきっかけを与える。

④**授業の展開部で取り上げる教材の補足説明をする**

　教材の内容について，むずかしい用語や背景などを事前に説明しておく。例えば，教材「絵はがきと切手」なら定形外郵便物についてふれる。教材「田中正造」なら，時代背景や公害問題，正造の生い立ちについて説明する。

（3）展開の工夫……道徳的問題を発見し解決する

　展開は，ねらいを達成するための中心となる段階である。中心的な教材によって具体的な道徳的問題を提示し，道徳的諸価値の理解をもとに，子どもたちが自己を見つめ，考え議論できるようにする。そこでは，教材に示された道徳的な見方・考え方について子ども一人一人が考えたり，物事を多面的・多角的に考えたり，道徳的問題を自分とのかかわりで考えたりすることが大事になる。

　子どもがどのような問題意識をもち，道徳的な内容をどのように深めていったかに留意する。おもに用いられる展開の例には以下のようなものがある。

118

第 3 章　道徳科の学習指導の展開

①学級全体で問題解決を話し合う

　道徳的問題について個人で考えた後に，グループや学級全体で話し合う。ここでは，個々の意見を学級で発表し合い，他者の意見を尊重しながら自らの意見を再検討し深めていく。私的な道徳問題（例えば，自己の生き方や生活様式）であれば，個人で意見をまとめるが，公的な道徳問題（例えば，係決め）であれば，それぞれの意見を集約して学級全体の合意を形成することもある。

②役割演技して解決策を再検討する

　子どもたちが自ら考えた解決策を役割演技し，解決策の再考を促す。主人公やほかの登場人物の役割を主体的に引き受けることで，自主的に価値判断し，自らの意見やアイデアに責任をもてるようにする。この役割演技にスキル学習を関連づけると効果的である。

③議論や討論（ディベート）をする

　道徳的テーマについて異なる 2 つの立場に分かれて議論したり，討論したりする。例えば，環境を破壊してでも経済競争を優先すべきか，あるいは持続可能な社会を目指して環境保全を優先すべきかについて討論する。

④類似した別の問題を提示してシミュレーションする

　教材と同じテーマで身近な道徳的問題を設定してシミュレーションし，それを道徳の練習問題または応用問題として子どもたちに解決させる。子どもたちはすでに道徳的な問題解決のための知恵やスキルや判断基準を学んでいるため，それを応用して解決する。

⑤これまでの生活とこれからの生活を考える

　教材と同じテーマが，自分たちの過去の生活にもなかったかを振り返る。そのとき，どのように思ったか，どのように振るまったかを話し合う。また，教材の内容を踏まえ，将来の生活や活動を考える場合もある。これら 2 つを組み合わせ，これまでの生活を振り返り，今後の生活のあり方を考えることもある。

（4）終末の工夫……道徳授業の内容をまとめ，今後の生活につなぐ

　終末は，授業全体の内容を振り返り，学習を通して見いだした道徳的な見

119

第 2 部　道徳の指導法

方・考え方について確認するとともに，今後の実践や発展につなぐ段階である。

①授業で話し合った内容をまとめ，感想を述べ合う

　道徳のテーマに関して，最初どのような考えをしており，考え議論するなかでどのように変容または発展したかを振り返る。例えば，「友達の過ちは見逃してあげるほうがよいと思っていたが，相手のためにもきちんと伝えてあげることが大切だと思うようになった」という認識の変化を発表し合う。

②導入において提示した根本的な問いかけに結論を出す

　教師が子どもたちの発言を踏まえてまとめ，授業で子どもたちが道徳的価値についてどのように考えを深めていったかを確認する。例えば，導入では「自由を好き勝手できること」と考えていたが，展開で教材『うばわれた自由』について考え議論するなかで考えが変わり，終末では「自由を自他に責任をもった行動」として考えを深めた点を発表する。

③授業で考えたことや見いだした教訓を今後の生活に生かすよう促す

　子どもたちが授業で考えた道徳的な見方・考え方を，実際の日常生活で実践できないかを考える。授業後の 1 〜 2 週間の道徳的目標として設定したり，学期全体の目標として関連づけたりすることもできる。

（5）事後指導……道徳的省察・実践を評価する

①授業で構想した道徳的な省察を振り返る

　道徳授業で感じたことや考えたことを振り返り，そのよさを実感したり，課題を考えたりする。

②授業で考えた道徳的価値にかかわることが実践できたか確認する

　道徳的価値を実践した直後，または 1 週間後に評価・反省を行う。どのような理由でできたか（成功したか），どのような理由でできなかったか（失敗したか）を検討する。これらは道徳用のワークシートやノートに記入しておく。

③道徳的実践を自己評価する

　これまでの道徳的実践について自己評価する。スケーリングを用いて 10 点満点で考えると，これまでの道徳的実践は何点かを尋ねることもできる。次に，

120

あと1点増やすためにはどうすればよいかを具体的に考えるとよい。

④**道徳的行為を続けて道徳的習慣を形成する**

道徳的価値を実践することで検証された意味や成長の跡を確認したうえで，その道徳的行為を習慣化できるように促す。

⑤**道徳的実践のカンファレンスを開く**

学期や学年の終わりに，道徳用のポートフォリオやノートを振り返り，お互いの道徳的実践や習慣について発表し合い，相互に評価し合う。

❺ 発問の仕方

（1）発問の意義

道徳授業では，発問がきわめて重要である。というのも，道徳授業では子どもが主体的に道徳的問題について考え判断し，議論するなかで道徳性を育んでいくからである。子どもたちは教師やほかの子どもたちとの問答を通して，道徳的価値について理解を深め，適切に問題を分析し，主体的に道徳的な判断をし，今後の生活に生かせるようになるのである。そこで，教師がねらいとする道徳的価値を教え込むための発問ではなく，子どもたちが自ら道徳的問題に取り組み，多面的・多角的に考え，議論するため発問を考案することが大事である。

（2）発問の種類

発問は，おもに中心発問，基本発問，補助発問の3つに分けられる。

①**中心発問**……道徳授業のねらいに迫るために有用かつ重要な発問である。中心発問は1回の授業で1つ設定し，ほかの発問とも関連づける。

②**基本発問**……教材の流れを子どもたち全員で共有するための発問である。道徳的問題を明らかにしたり，子どもの生活体験に照らし合わせたりして考えさせることもある。基本発問は3～4問設定する。

第2部　道徳の指導法

③**補助発問**……子どもの道徳的な思考や議論を広げたり深めたりするための発問である。中心発問や基本発問の重要な意味合いを掘り下げたいところで1〜2問設定する。

　まず，教材の主題を捉え，中心発問を1つ設定する。次に，中心発問で迫る主題について，考えが効果的に深まるような基本発問をいくつか設定する。また，中心発問や基本発問の答えが明確になり，深まるように補助発問を考える。

（3）登場人物への自我関与を促す発問

　従来は，教材に提示された物語の内容を読み取るために，場面ごとに人物の心情を問う発問が多かった。例えば，場面ごとに「このとき，主人公はどのような気持ちだったのだろう」などと尋ねる。主人公の気持ちだけを追求するパターンもあれば，複数の登場人物の気持ちを追究するパターンもある。ただし，登場人物の心情理解にとどまる発問では，道徳授業のねらいを達成できないため，自我関与の発問や問題解決的な発問が広く推奨されるようになった。

　登場人物に自我を関与させるための発問としては，例えば「どうして主人公は，○○という行動を取ることができたのだろう」「主人公はどういう思いをもって△△という判断をしたのだろう」「自分だったら主人公のように考え，行動することができるだろうか」などがある。

（4）問題解決的な発問

　問題解決的な学習では，子どもが教材から道徳的問題を見いだし，その解決を促す発問をする。具体的に，「ここでは何が問題になっていますか」「何と何で迷っていますか」という問題発見的な発問，「どうすれば○○（道徳的諸価値）が実現できるのでしょう」「同じ場面に出合ったら自分ならどう行動するでしょう」「よりよい解決方法にはどのようなものが考えられるでしょう」という問題解決的な発問がある。問題状況を分析したうえで，将来の問題解決へ向けて主体的に価値を判断し創造し，現実的にさまざまな解決策を考える。また将来の結果を想像し，「その結果どうなるだろう」「もし〜できたとしたら，

122

どうなるだろう」と尋ねることで発想の転換を促すこともできる。

（5）さまざまな発問や言葉がけ

　多面的・多角的に考えるための発問をいくつか取り上げたい。それぞれの考えと比較するために、「さきの考えといまの考えの違い（共通点）は何だろう」「この考えと違う考えもあるかな」など問う。さまざまな意見が出された場合は、分類するために「分けるとどうなるか」と問う。行為の結果に注目して、「何が原因か」を尋ねるのもよい。事実関係を確認したいときは、「事実はどうなっているか」「根拠は何か」を尋ねる。

　子どもたちの相互の意見を関係づけることも大切である。「2つの意見はどんな関係にあるか」「前の意見とどのように関係しているか」を聞く。一方的な考え方の場合は、視点の転換を図って、「それに問題（課題）はないか」「別の人の立場ではどうか」「別の時代や場所ではどうか」を聞く。話が抽象的な場合は「具体的にいうと、どうなるか」と、具体的に考えるよう促す。

　過去だけでなく将来の見通しを立てるために、「それを行ってうまくいくか」「目指している価値を実現できるか」を問うてもよい。

　研　究　課　題

（1）教材を1つ取り上げ、その学習指導案を作成してみよう。

（2）心情理解中心の道徳授業と問題解決学習を用いた道徳授業の違いを述べよ。

第2部

第4章 道徳教材の活用

　道徳科では、子どもの道徳性を育成するために適した教材（教科書）を活用する。道徳授業を面白くするためには、まず子どもが興味や関心をもち、切実に感じるような問題状況を教材で取り上げ、主体的に考えるとともに、協働的な話し合いができるようにすることが望ましい。教師が教えやすい教材よりも、子どもが啓発され自ら考え判断し、話し合いたくなるような教材にしたい。そのためには、子どもが主体的に新しい情報や知識を得たり、発展的に探究したりできるように、補助教材として名言、格言、エッセー、統計データなどを多めに提供することが必要となるだろう。

　1単位時間の授業でも内容をすべて理解できるように、あらすじ、場面・状況など道徳的価値の追求に必要な条件は、1学年下の読解力でも一読して理解できる程度のものを用いることが多い。

❶ 教材の類型と活用法

（1）教材の内容類型

　教材は内容に応じて、①知見教材、②範例教材、③感動教材、④葛藤教材、⑤批判教材に分けられる。
①**知見教材**とは、道徳的諸価値の意味や意義を、知識として深く理解するために適した教材である。格言や偉人や先哲の名言を紹介したり、道徳的判断の材料や基準を示したりすることもある。
②**範例教材**とは、道徳的諸価値を体現する範例（モデル）を提示する教材であ

る。偉人や先哲の物語やスポーツ選手などの物語を示すことが多い。

③**感動教材**とは，登場人物の生き方や判断で感動を与える教材である。偉人・先人の崇高な生き方や，自然や宇宙を取り上げて感動的に扱うこともある。

④**葛藤教材**とは，登場人物が葛藤状態に陥っている教材である。問題解決的な学習やモラル・ジレンマ授業などに使われることが多い。

⑤**批判教材**とは，登場人物の言動や出来事を批判する教材である。万引きやカンニングなどを取り上げ，批判的に考える。

（2）教材の活用類型

　同じ教材を用いた場合でも，活用法を変えることで展開が違ってくる。活用法としては，①共感的活用，②範例的活用，③感動的活用，④問題解決的活用，⑤批判的活用などに分けられる。

①**共感的活用**とは，登場人物の立場になってその気持ちを感じ取るために活用する。登場人物に感情移入し，子どもの自我を関与させることで，主人公の立場になって考えさせ，気持ちや考えに関連する道徳的価値を理解する。

②**範例的活用**とは，登場人物の模範的な考えや行為を手本（モデル）とするために活用する。「登場人物はなぜそうしたのか」という原因や理由を問うてみたり，「登場人物の言動から何を学んだか」について考えたりする。

③**感動的活用**とは，心をゆさぶるような感動的な話を聞いて，道徳的価値や人間としての生き方について考えを深めるために活用する。「どんなところに感動したか」「なぜ感動したか」を問うことになる。

④**問題解決的活用**とは，道徳的諸価値にかかわる問題を提示して，どう解決すればよいかを考え議論するために活用する。「主人公はどうしたらよいか」「自分ならどうするか」を考え議論することになる。

⑤**批判的活用**とは，登場人物の悪い言動を批判するために活用する。主人公の悪い行為や考え（例えば，うそや卑怯など）を批判的に検討させる。「主人公をどう思うか」「主人公にどう言ってあげたいか」など，そう考えてみた理由やあるべき姿を問う。教材（例えば「手品師」）が，道徳的価値（例えば「誠

第2部　道徳の指導法

実」）を教えるのに適しているかを，批判的に考察することもできる。

❷　教材の提示法

　教材の分析を踏まえて，ねらいに応じた教材の提示方法を検討する。ねらいに応じて，教材の全文を提示する場合もあれば，文章を柔軟に修正したり，結論部分をカットしたりする場合もある。

①全文提示　一般的には，感動教材や範例教材は，全文を読み通してから議論するパターンが無難である。というのも，カットした結論部分を後で提示すると，それが現実離れした模範解答のようになってしまい，結局のところ価値の押しつけのようになるからである。

②段階的提示　葛藤教材や感動教材，特にモラル・ジレンマの教材は，問題を提起する形にとどめ，結末をカットして問題場面だけ提示した方が議論しやすい。カットする場合は，後で問題分析や価値分析できるように十分な情報をつけ加えておくことが大切である。

③追加情報・結末の提示　問題場面を解決するために必要な追加情報を出すこともある。また，もともとあった結末部分を後で提示する場合は，それが模範解答ではないことを断ったうえで，子どもたちの考えた多様な解決策と比較し検討する。結末を提示しない場合は，オープンエンドで多様な価値観を尊重したうえで，相互の見解を比較検討する。

❸　自作教材の活用

　教材を自分で作る場合は，学級や学校で実際に起きている（起こりそうな）道徳的問題を脚色し，伝えたいメッセージを含めて物語をつくり，ワークシートとセットで提示するとよい。ただし，自作教材があまりにも実際の子どもたちの生活に密着して生々しいと，子どもの心を傷つけたり興奮させたりするので，名前やＴＰＯを変える必要がある。以下に「相合がさ」というタイトルの

126

自作教材を示しておく。

自作教材の例① 「相合がさ」（小学６年）

　健二は智子と幼なじみで仲がよく，忘れ物をしてきたときは互いに貸し合った。真一は仲のよい女子の友達がいなかったため，男子のグループで女子の悪口を言い始め，「男だけで仲よくしよう」と言いました。健二がそれを気にせずに智子と話をしていると，教室の黒板に智子と健二の名前で相合がさの落書きをされた。それを見た智子と健二は怒りましたが，だれが書いたのかわかりませんでした。その後，クラスでは男女が仲よく協力することがなくなりました。

　授業ごとに長編の自作教材を作るのは大変なので，従来の読み物教材を補助するエピソードの一例として日常生活と関連づけて提示するとよい。展開前段で「二通の手紙」の教材を用いた後，展開後段で学校生活における係活動を自作資料として提示する場合の例を次にあげておきたい。

自作教材の例②

　利夫が図書委員として図書室で受付をしていると，次郎が入ってきて勝手に本を持ち去ろうとした。利夫が「受付しなければダメだよ」と言うと，次郎はニヤリと笑って「なぁ，友達だろ。見逃してくれよ」と言った。利夫は「規則だから…」と断ると，次郎は「この前マンガを貸してやったろ。図書室の本が少しなくなったって，わからないよ」。その後，図書室の本が古本屋で売られていることが発覚した。

❹　自作教材を作成するトレーニング

　教材を自作する際には，下記のような点に留意する。①原則として生存者を教材にしない。②政治的・宗教的な中立性に配慮する。③特定の個人，法人，企業などの営利にかかわるものは避ける。④文字，言葉づかい，文章の難易度

第2部　道徳の指導法

など，子どもの発達的特質に配慮する。⑤著作権上の配慮を行う。⑥子どもの心情を傷つける内容や望ましくない表現は避ける。

　さらに，子どもの日常生活に関連した教材は好まれるが，次の2点に配慮する必要がある。第1に，子どもたちの生活に似すぎている内容の教材は避ける。第2に，子どもたちの生活からかけ離れすぎた内容の教材は避ける。

　以下の教材を読んで，問題点を検討しよう。

自作教材の例③

　サチさんはうっかり教室の花びんを落として割ってしまいました。その教室には，サチさんしかいませんでした。サチさんは割れた花びんを片づけながら思いました。「どうしよう。早く片づけてしまえばバレないかしら……。それともだまっていようかしら。見つかったら，先生から怒られるだろうな。もっと注意すればよかった」。

　この教材は主人公のサチさんの気持ちを描写しすぎるため，子どもたちが考え議論する余地が少なくなる。この場合，もっと心理描写を減らし，問題状況をしっかり提示した方がよい。

自作教材の例④

　タロウたちが公園で野球をしていたら，ボールが高く飛んでいき，近くの家の窓ガラスに当たって割ってしまった。タロウは急いで家に逃げ帰った。タロウが頭を抱えていると，ワシントンの伝記を思い出した。「ワシントンはとても正直な人だった。それなのに，ぼくは何をしているんだ」。タロウは公園に戻り，ガラスを割った家のチャイムを鳴らした。

　この話は範例的活用もできるが，あまりにも道徳的価値（正直）がストレートに出てしまい，子どもたちが考え議論する余地がない。もう少し葛藤のある展開を考えたい。

第4章　道徳教材の活用

自作教材の例⑤

　ユミさんはお正月のお年玉やおこづかいをずっと貯金してきました。かなりの金額になったので，デパートに行って欲しいものを買いたいと思いました。デパートには，かわいい洋服や靴，美しい人形，ゲームソフトなどたくさんあります。ユミさんはどれを買おうか迷っています。どうしたらいいでしょうか。

　ユミさんが自分のこづかいで何を買おうと，それは道徳的問題ではない。こうしたことを問題解決しても，単なる推測を述べ合うにすぎない。

自作教材の例⑥

①コウタ君はまた消しゴムを忘れてきて，先生から注意されています。コウタ君は悪びれもせず，隣のカオリさんから消しゴムを借りています。カオリさんは，いつもコウタ君が消しゴムを忘れてきて，自分のものを勝手に使うので「いやだな」と思っていました。

②それを見ていたフミさんがカオリさんに言いました。「どうして貸したくないなんて言うの。あなただって忘れ物をすることがあるでしょう。助け合うことが大事じゃないかしら」。カオリさんは下を向いて，「わかったわ」と答えました。その後，コウタ君は平気でカオリさんの消しゴムを使うようになりました。

③そうした様子を見て，近くにいるマサシ君が言いました。「いつでも消しゴムを貸す必要はないと思う。そもそもコウタ君は消しゴムを持ってくる気がないんじゃないかな。こんなことを続けていたら，カオリさんだけがつらい思いをするよ」。

　①の場面だけでは，日常生活によくある出来事で，道徳的な意味合いがない。②はフミさんの発言が道徳的意味をもっているが，それを貫くだけではきれいごとに流れ，現実的に問題は解決しない。そこで，③のマサシ君の意見も対立させることで，どうすればよいかを考え議論することができる。

129

第2部　道徳の指導法

❺　教材の内容

　授業のねらいとする主題や道徳的価値にかかわる問題が提示され，「自己の生き方」や「人間としての生き方」について深く考え議論できる教材にする。

　まず，登場人物の心情理解に偏った教材にしないことである。登場人物の心の動きが教材で詳しく描かれすぎていると，単に教材の読み取りに終始した授業になってしまい，自己の生き方や人間としての生き方について洞察することが少なくなってしまう。教材に描かれていない道徳的な主題や道徳的価値，そして「見えない心」に目を向けさせ，深く考え話し合えるものにしたい。

　次に，物語の世界が豊かにイメージでき，思考をより活性化する教材にする。子どもに生き生きと語りかけてくるもの，「生き方」の展開が思考に合うものがふさわしい。子どもたちの発達段階に応じて興味・関心をひく内容にする。

　例えば，発達段階を考慮すると，以下のような内容が考えられる。小学校の低学年では，空想・擬人化の世界に同化しながら楽しんで道徳的問題を考え話し合える内容にする。また低学年でも，現実的な人間関係や生活上の問題はあるため，道徳的問題に関連づけて取り上げるのは望ましい。中学年では，道徳的問題を取り上げ，より現実的に自分を見つめられる内容にしていく。高学年では，私的な生活だけでなく社会的生活なども含めた現実的な道徳的問題を取り上げ，人間としてよりよく生きる道を協働して探究できるような内容にする。

　中学生になると，人間としていかに生きるべきかを真剣に考え始めるようになる。義務教育の最終段階であるこの時期に，自ら道徳的問題を考え，主体的に判断し，自己を確立する必要がある。また，いじめ問題などが社会的に注目され，規範意識や人間関係力の低下が指摘されるなかで，生命を尊重し，公徳心や社会連帯を自覚し，豊かな人間性を涵養することも求められている。さらに，グローバル化や情報化によって社会が変動するなか，日本人としてのアイデンティティを備えて国際的な素養を習得するとともに，適切な情報リテラシーや情報モラルを身につけることも期待されている。

第4章　道徳教材の活用

文章だけでなく，漫画，歌，アニメ，コマーシャルの映像，映画，インターネットなど，予想もできないような意外なところから教材の素材を見つけ，工夫して提示する。子どもが教材に興味・関心をもつと，その道徳的問題を自分のこととして切実に考え議論するようになり，授業が活発化してくる。

❻ 学習ノート・ワークシートの活用

道徳の発問に対する子どもたちの受け答えは，実に多種多様である。こうした授業で子どもたちの意見を口頭の発表だけですませてしまうと，一部の元気で賢明な子どもたちは何度も発表して充実するが，その他大勢の子どもたちの意見は確認できないまま終わってしまう。そこで，道徳用の学習ノートやワークシートを用いて，それに子どもたちの意見を記入させ，後で確認したほうがよい。一般的には，吹き出し，手紙，振り返りカードを用いたワークシートが多い。子どもの考えの変化を自覚させる形にしてもよい。自己評価欄を作ると反省の機会を設定できる。ワークシートは，Ａ４用紙１枚にすると授業の全体像が捉えやすく，子どもたちも作業を効率的かつ効果的に進めることができる。

小学校低学年で，まだ文章を書くのがむずかしいようであれば，絵やシンボルマークで表現させてもよいだろう。問題解決型の授業に慣れないうちは，答えの欄を選択式にしてもよいが，子どもたちの個性的な意見を生かすために必ず「そのほか」の欄を設定するとよい。

こうしたワークシートやノートを作るうえで参考になるのが，『私たちの道徳』（文部科学省）である。この記述形式は，問題解決型になっているため，道徳問題を考えるうえでの参考資料として活用すると有効である。このワークシートやノートは，子ども一人一人の意見を記録することにもなるため，子どもの道徳性の確認や意見の変化を理解し評価することもでき，その道徳授業を評価し改善することにも役立てることができる。できれば教師が子どもたち一人一人の考えに応答する形でコメントを書き込んで返却したいところである。

ワークシートは，以下のような情報マトリックスを使うと問題を整理して考

131

えるのに便利である。一般には，縦の段に解決策の案件を入れ，横の段に長所と短所を入れていく。このマトリックスは解決策のよしあしを場合分けして比較考察するうえで役立つ。また，右端にランキング（順位づけ）を設定すると，比較考察を明確にできる。下の表は解決策A，B，Cの長所と短所を比較考察して順位づけする方法である。

	長　所	短　所	（評価）順位
A案			
B案			
C案			

　主人公が取るべき行為（解決策）を3つ以上提示して，それぞれの理由や結果を比較検討することもできる。

　例えば，「主人公はこの場面でどうすればよかったと思いますか」と尋ねて，マトリックスに意見を整理する。

研究課題

（1）心に残る教材にはどのようなものがあっただろうか。具体的な教材名を発表し合おう。なぜそれが優れた教材だったかも述べよう。

（2）子どもたちの日常生活を思い浮かべ，道徳的問題を設定し，教材を作ってみよう。また，その自作教材を使った授業展開を考え，ワークシートを作成してみよう。

コラム5 「考え議論する道徳」の前提となる人間関係

　道徳授業では，事前に学級のなかで教師と子どもたちの間，子どもたち同士の間に温かい人間関係を築いておく必要がある。そのためには，教師は子どもたちの意見を共感的に受容し，子どもたち一人一人の個性や特性に合わせて公平に接し，関心や意欲を引き出す言葉がけをすることが大切である。教師は日ごろから広く開かれた寛容な心をもち，多面的・多角的に物事を考え，互いの意見を尊重し合えるようにしたい。

　例えば，子どものペースに合わせて発問し，子どもの考えに対して「なるほどね」「そうなんだ」と共感的に受け答える。また，教師は子どもが問題解決に取り組むことを支援し，「すごいね」「がんばっているね」「君ならできるよ」と温かい言葉をかける。この際，うわべだけで褒めて，本音では否定していると，子どもは教師のダブルバインドを読み取り，自由で寛容な雰囲気が壊れていくので注意したい。

　また，道徳授業の話し合いでは，子どもたちは，自らの経験に基づく主観的で感情的な意見を述べ，ときに教師の予想を超えた独創的な意見や，教師の意に反する非道徳的な意見を発言することがある。その際，教師は判断を押しつけたり，激情的に叱ったりせずに，まずは子どもたちの意見によく耳を傾けて，その意図を共感的に理解する必要がある。共感とは，必ずしも同意ではない。教師は子どもたちの気まぐれな衝動や情動から生じる私見や非道徳的な意見に対しては，冷静な価値判断をし，子どもが他人の悪口や非難で感情を高ぶらせた場合はクールダウンさせて，適切な道徳的解決へと導くようにする。

　子どもたちは，教師が常に受容的で公平であり，問題解決を温かくサポートしてくれるとわかると，教師を深く信頼して心を通わせるようになる。また，教師の支援や助言を素直に受け入れるようになり，子どもたちの多様な意見が渦巻く授業でもスムーズに進行するようになる。

第2部

第5章 道徳科における問題解決的な学習

　道徳が教科になることで，多様で質の高い指導方法を積極的に導入することが求められている。今次の学習指導要領では，そうした新しい指導方法として「問題解決的な学習」を推奨している。これからは子どもが主体的に道徳的問題を考え，判断し，協働して話し合い，能動的に問題解決を図るような学習（主体的・対話的で深い学び）が推奨されるのである。

❶ 道徳科における問題解決的な学習とは

　「問題解決的な学習を生かした道徳授業」とは，子どもが自ら道徳的問題を考え，判断し，解決していく学習である。中学校学習指導要領解説（特別の教科 道徳編）では，以下のように示している。「道徳科における問題解決的な学習とは，生徒一人一人が生きる上で出会う様々な道徳上の問題や課題を多面的・多角的に考え，主体的に判断し，実行し，よりよく生きていくための資質・能力を養う学習」である。また，道徳教育の評価等にかかる専門家会議の報告書（平成28年7月）でも，道徳科における問題解決的な学習の定義は，「道徳的な問題を多面的・多角的に考え，児童生徒一人一人が生きる上で出会う様々な問題や課題を主体的に解決するために必要な資質・能力を養う」指導法としている。
　こうした道徳科における問題解決的な学習は，子どもが自ら道徳的問題に取り組み，解決策として「何をすべきか」「なぜそうすべきか」「どう行動すればよいか」「今後どうしたいか」まで踏み込んで考え話し合う。こうした授業で，子どもは自分の経験を踏まえ，問題の因果関係や人間関係も考えて，総合的に

第5章　道徳科における問題解決的な学習

判断し話し合う。そうした指導で養われた「資質・能力としての道徳性」は，子どもの現実的な生活にも汎用されるため，実効性も高い。

　このように問題解決的な学習は，子どもが自らの生活経験と関連づけながら道徳的問題を考え判断し議論し，その学習成果を日常生活で活用するところに特徴がある。道徳科では，こうした問題解決的な学習を通して，現実に生きて働く道徳性を養うことが肝要なのである。

　新しい学習指導要領において，道徳科の目標は，「よりよく生きるための基盤となる道徳性を養う」ことである。これは2016（平成28）年の中教審答申がもとになっている。そこでは道徳科の目標として，「一人一人が生きる上で出会う様々な問題や課題を主体的に解決し，よりよく生きていくための資質・能力を培うこと」と示してある。

　こうした道徳性を養うためには，子どもたちがさまざまな問題や課題を多面的・多角的に考え，「自己の生き方」や「人間としての生き方」と関連づけながら主体的に解決する学習が必要になる。問題解決的な道徳授業では，まさに子どもがさまざまな道徳的問題に取り組むことになる。そして，問題の状況を分析したり，当事者の心情に配慮したりしながら，望ましい解決策は何かを協働して能動的に話し合うのである。また，問題解決的な学習を活用した道徳授業は，いじめ問題や現代的な課題でも，自他の関係を具体的かつ切実に考え，解決に寄与しようとする態度を育むことができる。

　こうした学習は，道徳的諸価値を踏まえつつ，問題を多面的・多角的に考えるため，道徳的な判断力，心情，実践意欲，態度を総合的に育成できる。さらに，事後指導において問題の解決策を実践したり，日常の生活に汎用したりすることで，道徳的行動力や道徳的習慣を育成することにも役立つのである。

❷　問題解決的な学習を生かした学習指導過程

　以下に一般的な問題解決型の道徳授業の学習指導過程の概略を説明したい。
①事前指導で子どもの実態を把握

135

第2部　道徳の指導法

まず，子どもの実態と問題状況を確認する。ここでは単なる観察だけでなく，個別の面接やアンケート，心理テストなども含めて多面的に行いたい。道徳授業の内容に合わせて体験活動や読書をさせておくことも大事である。

②導入の工夫

導入では，道徳授業の主題について子どもの興味や関心を高める。授業のねらいに関連した道徳的問題に取り組むよう動機づけるのである。そのためには，以下のような多様な導入が考えられる。

㋐子どもの個人的な経験や具体的な事例から道徳的価値の意味を考える。例えば，「人間関係で困ったことはないか」を問う。㋑授業で取り上げる道徳的価値について考える。例えば，「正義とは何か」「ルールは何のためにあるか」を問う。㋒展開部に使う資料の問題について予備知識を提供しておいてもよい。

③展開前段では問題の把握と解決

展開前段では，まず資料を読んで解決すべき課題を見つける。「何が問題か」「何と何（だれとだれの考え）が対立しているのか」などを個人または4人1組のグループで検討する。

次に，さまざまな解決策を自由に構想する。「あれかこれか」の二者択一ではなく，第3，第4の解決策を提案し合い，可能性を広げる。

そして，解決策を考えた理由を話し合う。ここでの要点は，㋐解決策のもたらす結果について考えること，㋑関係者それぞれの立場や状況に配慮すること，㋒関係者全員が幸福になれる方法を考えることである。自他の経験や道徳の諸原理や先人の知恵などを踏まえて，多面的・多角的に話し合うようにする。

④展開後段では問題解決を応用

展開後段では，問題解決をより深めて考える。一般的には，個人やグループで考えた内容を学級全体で再び話し合い，具体的に解決策を練り上げていく。特に，公共的な問題については，合意形成を図ることが大事になる。

展開後段では，「体験的な学習」を活用することも多い。例えば，㋐さまざまな解決策について役割演技をしながら再検討する。㋑資料と類似した課題を提示して，シミュレーションしてみる。㋒具体的な行動についてスキル的な学

習をする。ここでは礼儀作法やマナーを具体的に学ぶこともできる。

⑤**終末部で授業内容のまとめ**

　授業の終末では，授業全体の学習を振り返り，日常生活につなげていく。

　一般には，子どもが「この授業でどんなことを学んだか，考えたか」を省察することが多い。導入部において提示した根本的な問いかけを再び行って，道徳的価値の理解が深まったかを確認してもよい。例えば，「ほんとうの自由とは何だったのだろう」と問い返す。また，今後の子どもの生活経験に結びつけるために，「今日の授業で学んだことを今後どう生かせるか」を考えることも有意義である。こうした内容と関連したことを，教師が経験談や社会的話題と関連づけて説話してもよい。

❸　問題解決のポイント

①**道徳的問題の状況を分析し，解決すべき課題を見つける**

　まず読み物教材の全文または問題場面を提示し，道徳的問題を抽出し分析する。ここでのポイントは，以下の3つである。

---

a 何が問題なのか。なぜそれが問題なのか。解決すべき課題は何か。

b 登場人物の考え方は，自他にどのような影響を与えているか。

c 登場人物の考え方は，適切か。

---

　a「何が問題か」を考えることで問題を発見し，解決すべき課題を見いだす力を養うことができる。bの考え方を実行に移した結果を考えることで，登場人物の考えが自他の感情や行動にどのような影響をもたらすかという因果関係を理解する力を養うことができる。c行動の是非を考えることで，登場人物の考えをただ共感的に理解するだけでなく，その考えが適切かどうかも総合的に判断できるようになる。

②**解決策を自由に構想する**

137

第2部　道徳の指導法

　次に，道徳的問題に直面した子どもは，自分なりの解決策をいろいろ考えて
みる。例えば，「主人公はどうしたらよいだろう」「自分だったらどうするだろ
う」「人間としてどうするべきだろう」と問いかける。

　ここではブレイン・ストーミングの原則に従って，多面的・多角的に意見を
出し合い，できるだけ多様な解決策を考えるようにする。子どもたちの個人的
な意見は，自分の経験や価値観が反映しているが，仮に間違っていてもすぐに
批判せず，まずは共感的に理解するよう心がける。

③解決策を吟味する

　話し合いで出された多くの意見を吟味して，適切な解決策を絞っていく。こ
こでは複数の解決策の長所と短所を比較検討したうえで，1つの解決策に絞り
込んでいく。多様な解決策のなかでも後述の原理に照らし合わせて，よりよい
解決策を追求していく。複数の選択肢のなかから最善の解決策を選ぶ方法とし
ては，前述したマトリックスやランキングを活用することもできる。

　解決策を吟味するためのポイントは，以下の5点である。

---

a その解決策は，どのような結果をもたらすか。

b その解決策は，それによって影響を受ける人を尊重しているか。

c その解決策は，あなたに適用されてもよいか。（可逆性の原理）

d その解決策を，あなたはだれにでも適用するか。（普遍性の原理）

e その解決策は，問題の当事者をみんな幸せにできるか。（互恵性の原理）

　まずaで，解決策を考えた動機だけでなく，解決策によってもたらされる実
際の結果も考える。よくない結果がもたらされそうなら，別の解決策も検討す
る。実際に実行可能かどうかも検討する。

　bでは，その解決策がもたらす結果を踏まえ，問題解決に関係する者たちに
対する配慮を考える。

　cでは，自分の立場だけ考えるのではなく，相手の立場も考える。「自分が
そうされてもよいか」を自問してみる。

第5章　道徳科における問題解決的な学習

　dでは，解決策がいつ，どこで，だれに対しても適用できるかを考える。忙しいときでも，見知らぬ場所でも，見知らぬ人にでも，そうできるかと尋ね，条件を変えてゆさぶりをかける。また，その解決策をみんなが真似したら，どうなるかなどを考える。

　eでは，解決策が自他を尊重しているかを検討する。言いかえれば，自他共に幸せになれるWin（ウィン）-Win（ウィン）型の解決策を考える。長期的視野から問題の当事者が共に道徳的に幸福になるWin-Win型の解決策を探究する。だれかを犠牲にしてだれかが幸福になるのではなく，互いに協力しながら，心から納得でき満足できる最良の解決策を創造する。

❹　道徳的な議論のサポート

　道徳授業では，子どもたちが主体的に問題を見つけ，価値を判断し，解決することを推奨するが，もし問題解決に困惑したり失敗したりする場合には，教師が適切なサポートをする。基本的に，教師は子どもたちの意見を尊重するが，そこに先入観，偏見，誤解，独善がある場合は，子どもたちが自ら間違いに気づくように導く。サポートの要点は以下のとおりである。

①問題状況を冷静に分析するように促す

　問題状況を冷静に分析し，できるだけ小さく分割して考え，単純なものから複雑なものへと考える。例えば，「事実を確認しよう」「見落としがないか全体をよく見渡そう」と述べる。

②誤解や矛盾を指摘する

　子どもたちの意見に誤解，偏見，矛盾，迷信，過信，過度の一般化が含まれていないかチェックする。特に，過去の教訓や一般論をそのまま受け入れず，当面の問題解決に役立つかをよく吟味させる。例えば，「その考え方はこの問題にも当てはまるか」と尋ねる。

③知性，感情，想像力を駆使する

　理性で規範的に価値判断するだけでなく，知性によって客観的事実や論理的

139

第2部　道徳の指導法

帰結を判断し，感情によって自他の心情を把握し，想像力によってさまざまな可能性を考え判断するように促す。例えば，「どう考えるか」「どう感じるか」「どう想像できるか」と多様に働きかける。

④意見と人格を区別する

子ども同士で反論し合うのはよいが，相手の人格まで誹謗中傷しないように注意を促す。誤った不道徳的な意見には懺悔や反省を迫るのではなく，見方や考え方の変更を提案する。例えば，「そんなことを言う人は最低だ」ではなく「あなたはほかの見方もできるはずだ」と言う。

⑤事実と感情を区別する

問題状況における事実とそこから生じた感情を区別する。子どもは問題を曲解して感情的な意見を述べることもあるため，教師は問題をあるがまま受け取り，「事実はどうだったか」を問いかけ，中立的な立場から判断するよう促す。

⑥発想の転換を促す

問題の解決が行き詰まった場合，発想の転換を促すことも大事である。特に，ネガティブな発想をポジティブな発想に転換するための言葉がけをする。例えば，「喧嘩ばかりしている」という否定的な発想を，「喧嘩するほど仲がいいともいえないかな」などと肯定的な発想に結びつける。

⑦解決策の可能性を肯定的に考える

単に過去の出来事を悲観的かつ否定的に捉えるのではなく，未来の可能性を楽観的かつ肯定的にいろいろ想像してみる。例えば，「もし，～できたとしたらどうだろう」と問う。

⑧力関係や性差に配慮する

子どもたちの力関係や性差から価値判断が偏ることがある。例えば，強者を優先する人，弱者を優先する人，正義を優先する人（男子に多い），思いやりを優先する人（女子に多い）で価値観が対立する。この場合，相互の意見を尊重し，固定観念で断罪しないように配慮する。

⑨問題解決のスキルを提示する

問題解決のスキルとして，カウンセリング・スキル，論理的思考方法，哲学

140

的方法，発想法，プロジェクト法などを教える。例えば，対人関係の解決法として ソーシャル・スキル・トレーニングや自律訓練法，内観法を教える。

⑩**格言，名言，データなどを教える**

　問題解決の参考になる格言や名言を教える。広く哲学，文学，心理学，宗教，ビジネスなどから引用して判断材料にする。例えば，「ガンジーはどんなときでも非暴力であるべきだと主張しているよ」と教える。

⑪**解決策の判断基準や結果にも注目する**

　解決策では，単に規範的な判断理由や自己中心的な要望を述べるだけでなく，その解決策が実現可能であり，大局的にみれば結果的に幸福な結果をもたらし，公共の福祉に反しないことを確認する。例えば，「実際にそうしたらどうなるかな」と投げかける。

❺ 討論や議論を中心とした道徳授業

　討論や議論を中心にすえた道徳授業もある。教材の葛藤の場面で，考え方の違いを浮き立たせて対立に追い込むと，子どもは自分の立場をはっきりさせて真剣に話し合う。討論は，考えの対立によって生まれる。考えの対立は，一人一人の子どもの価値観に根ざしている。子どもたちは与えられた立場で討論する。一定の時間がたったところで立場を交代し，再び討論を始めるのも効果的である。この手法をとることにより，討論が独りよがりの「決めつけ」で終始するのではなく，相手の信条を斟酌した総合的なものになる。

　討論のポイントは以下の３点である。①行為ではなく理由づけに着目する。②一人一人の立場や理由づけを明らかにする。③あらかじめ対立する立場を設定し，機械的に子どもたちを割り振る。

（1）討論を活用した道徳授業１

①**主題**「優先席は必要か」

②**ねらい**…「優先席は必要か」についてさまざまな人の立場に立って自分なり

141

第2部　道徳の指導法

の考えをもち，議論する能力を育成する。

③展開

a.自分の立場を決定する

（役割）人物…お年寄り，怪我人，高校生，会社員，駅員，運転手など。

（立場）「必要である」と「必要でない」で分かれる。

どのような人物を想定するか，どのような立場に立つかは，子どもに自由に選ばせる。同じような人物を選んだとしても，立場が異なってくる場合も考えられるので，その違いを大切にする。

b.それぞれの立場から意見を述べる

「必要である」とする立場からの発言として，「お年寄りは立っているのが辛いからゆずるべきだ」，「ゆずる人が少ないいまは必要だ」などの意見が出る。「必要でない」とする立場からの発言として，「席をゆずるようになれば，優先席は必要ない」，「あってもないのと同じだから」などの意見が出る。

c.相手の発言に対して，自分の立場から反論する

自分がそう考えるもとになった事実を述べ，それに対して自分の意見を述べるようにする。事実と意見とを区別して発言できるようにする。「ゆずる人が少ない」という事実に焦点化していく。

（2）議論を活用した道徳授業2

OECDが行うPISA（学習到達度調査）の読解力問題では，道徳に関連する問題も多数取り上げられている。例えば，「壁の落書きは社会の迷惑か芸術か」「警察が遺伝学的身分証明書を使うことは正しいか」「判事はすべての罪に対して同じ罰を下しているが，それを公平だったと思うか」「オーストラリアのチョコレートの消費量と貧困層救済のための海外援助額が同じだが，あなたならどうする？」という問題である。こうした問題は，答えが1つではないため，子どもが自ら考えて主体的に判断することに適している。以下に，2000年の調査に用いられた「落書き」に関する問題の概要を紹介する。

第5章　道徳科における問題解決的な学習

「落書き」に関する問題（PISA, 2000年）の概要

　学校の壁の落書きには頭にくる。落書きを何度も消して塗り直さなければならない。社会に余分な損失を負担させないでほしい。禁じられている場所に落書きをしてはいけない。プロの芸術家は正式な場所に展示して名声を獲得する。建物やフェンス，公園のベンチはそれ自体がすでに芸術作品なのに，この犯罪的な芸術家たちはなぜ落書きをして困らせるのか。　　　　　　　　　　　　　　ヘルガ

　十人十色。世の中はコミュニケーションと広告であふれている。では，落書きは許されますか。許せるという人もいれば，許せないという人もいます。落書きのための代金はだれが払うのでしょう。消費者です。それでは，落書きをする人は許可を求めなければいけませんか。個人の洋服の模様や色は個性として受け入れられ評価されているのに，同じように模様が描かれた壁は不愉快な落書きと見なされるなんておかしい。芸術多難の時代です。　　　　　　　　　　　　ソフィア

（質問1）　この2通の手紙のそれぞれに共通する目的は何ですか。

（質問2）　あなたはこの2通の手紙のどちらに賛成しますか。

（質問3）　どちらの手紙に賛成するかは別として，あなたの意見では，どちらの手紙がよい手紙だと思いますか。

研究課題

（1）議論の分かれる道徳的テーマを取り上げ，根拠をもとに論理的に自己の見解を主張してみよう。

143

第2部

第6章 道徳科における体験的な学習

❶ 道徳的行為に関する体験的な学習とは

　道徳科では「道徳的行為に関する体験的な学習」を積極的に活用することが望まれている。道徳科における体験的な学習として、学習指導要領の解説では、例えば「道徳的諸価値を理解させるため」に、「具体的な道徳的行為の場面を想起させ追体験させて、実際に行為することの難しさとその理由を考えさせ、弱さを克服することの大切さを自覚させたりする」ことを示している。また、別の例で「教材に登場する人物等の言動を即興的に演技して考える役割演技など疑似体験的な表現活動を取り入れた学習」も示されている。道徳科における体験的な学習として代表的な役割演技、スキル学習、別場面への導入、実体験活動、礼儀作法の教育などをそれぞれ取り上げて具体的に検討したい。

❷ 役割演技（ロールプレイ）の活用

（1）役割演技の導入

　役割演技は、一般的には子どもに登場人物などの役割をもたせ、演技させることで、自分の体験などをもとに、感じ方、考え方を語らせようとするものである。「考え議論する道徳」では、道徳的な問題場面において子どもがどのように考え行動するかを役割演技するような展開も考えられる。コミュニケーションに係る課題を提示して、動作や所作のあり方について考える際には役割演技が有意義である。人間関係の問題場面を想定して、具体的にどのように行動

第6章　道徳科における体験的な学習

したらよいかについて考え，その解決策を役割演技で行うものである。ただ解決策を演技して終わるのではなく，複数の解決策をそれぞれ役割演技するなかでそのメリットやデメリットを比較したり，演技を通してどのように感じたかを考察したりすることが大事である。

　例えば「友達から悪口を言われた場合どうするか」という問題で，「無視する」「悪口を言い返す」「そんなことを言わないで，と伝える」などいろいろな解決策が出たとする。そこで，どの解決策がよりよいかを役割演技しながら考え，その結果を想定したり，相手の立場を考えたりして話し合うことができる。

　役割演技は，従来の道徳授業では小学校低学年で台詞の決まった演技や動作化をやらせるだけのことが多かった。そのため，小学校中学年から高学年にかけては役割演技を幼稚なものとしてやらなくなる傾向がある。しかし，体験的な学習としての役割演技であれば，自分たちで考えた解決策を即興的に演じて思考を深めたり広げたりできるため，高学年や中学生になっても有意義である。

（2）役割演技の仕方

　役割演技のやり方はさまざまであるが，一般的なやり方を以下に示す。まず，教師が説明しながら実演する。子どもは教師の身振り素振りから大筋を理解できる。次に，先生と子どもで行う。ここでは，道徳上の問題を悩み考える主人公の立場を子どもが演じることになる。さらに，登場人物の2人（または3人）を子ども同士で行う。1人1分ほどで演技し，役割を交替する（ロールチェンジ）。最後に，子ども同士の代表が教室の前に出てきて演技する。ここでも役割を交替して，それぞれの役割について感想を尋ねる。

　新しい事態への瞬時の反応は，自分の体験に基づくものが多い。子どもの本音を引き出し，自分自身の客観的な理解を促す。このような即興的演技やその観察などの体験を積むことにより，さまざまな問題に出合ったときに望ましい行為を主体的に選択できるようになる。また，即興的演技では相手がどのような応答をするかはわからない。次々と移り変わる事態に対応するには，子どもが自分で反応を模索しなければならない。このことから創造的に適応する能力

145

第2部　道徳の指導法

が養われる。

　子どもが対立する2つの立場で演技することによって，相手の立場を尊重したり，相手を理解したりしようとする態度が育成され，対人関係能力も向上する。子どもたちが登場人物の役割を主体的に引き受け，自主的に価値判断し，自らの意見やアイデアを自由に表現するようにすると盛り上がる。初めは，教師が下手でも模範演技をしてみせるとよい。子どもたちはその演技を真似してもよいし，自由に独自の演技を考えてもよいことにする。

　例えば，「裏庭でのできごと」を用いて役割演技（ロールプレイ）をして，複数の解決策について比較検討してもよいだろう。その場合，できるだけ即興（アドリブ）で自分の考えた解決策を演技して，その是非を演技者や観衆で話し合う。例えば，健二が大輔を説得する場面を取り上げ，「やっぱり僕にも責任があるんだから，しっかり謝りに行くよ。雄一にも悪いし，自分の生き方にもうそはつけないから」などと言う。このように問題場面を想定して自由に役割演技を行うことは，人間関係をよりよく築くスキル・トレーニングにもなるし，適切な自己主張をするセルフ・アサーション・トレーニングにもなる。

❸　スキル・トレーニングの活用

　役割演技にセルフ・アサーション・トレーニングやソーシャル・スキル・トレーニングを関連づけると効果は高まる。代表的な役割演技のやり方は以下の4つである。

①読み物教材の問題を主人公の立場で解決する

　教材の問題場面を取り上げ，子どもたちが主人公の立場で自由に役割演技しながら解決する。例えば，「かぼちゃのつる」で主人公の立場で問題解決する。

②対立する2つの役割を交互に行う

　対立する2つの立場を交互に役割演技することで，自他の立場を理解しながら弁証法的に解決策を考えられるようになる。例えば，「母親」と「子ども」の役を交代で行う。

146

③さまざまな役割を演技する

　主人公だけでなく脇役や敵役など，複数の登場人物の役割を演技する。例えば，「はしの上のおおかみ」をオオカミの役，ウサギたちの役，クマの役を交互に演じ分け，それぞれの立場から心情や思考を理解する。

④偉人や英雄の役を演技する

　ある身近な問題状況を取り上げて，自分の尊敬する偉人や英雄であれば，どのような言動をするか役割演技してみる。例えば，「いじめ問題」でキング牧師ならどうするかを想像し演技する。

　礼儀作法やマナーに関する学習では，動作や所作を具体的に理解したうえで，それを体験的に学習することも有意義である。あいさつや食事のマナーなどを心得やスキルとして理解した後に，実際に行動して体得するのである。

❹　別場面への応用

　問題解決型の道徳授業では，読み物教材で学んだこと（教訓）を別の新たな問題場面で応用してみることがある。学習指導の展開前段で基礎問題を解いたうえで，展開後段では応用問題あるいは発展問題を解くという構成である。そうすることで，子どもたちは道徳的な知識や技能を理解するだけでなく，それらをさまざまな場面に活用・汎用していく能力も身につけていくのである。

　展開前段の問題解決では，教師がさまざまな助言や示唆を与えるが，展開後段の問題解決では，できるだけ子どもたちが主体的に問題から課題を見いだし，具体的な解決策を考えるようにする。言いかえると，展開前段の教材内容を基礎問題として解決した後に，展開後段で応用問題をシミュレーションとして解いていく方式である。

　例えば，小学校低学年としては，「はしの上のおおかみ」を用いて，一本橋でオオカミの立場から問題解決をした後に，身近な話題として，面白い本を読んでいるときに小さな子から「その本を貸してくれ」と言われたらどうするかを応用問題として提示している。

147

第2部　道徳の指導法

　小学校中学年としては，展開前段では自己中心的な言動で対人関係が悪化したが，最後に自らの言動を反省して仲直りした事例を取り上げる。展開後段では，子どもたちにより身近な話題で類似の事例を取り上げ，子どもたちが主体的に問題解決に取り組む。ここで取り上げる新たな問題場面はわかりやすいように簡潔に示し，さまざまな解決をシミュレーションできるようにするとよい。

　小学校高学年では，「手品師」の問題を解決した後に，「カメラマンの選択」を応用問題として考える。また，「二通の手紙」で問題解決した後に，「遅れてきた客」を応用問題として考える。

　中学校1年生では，「裏庭でのできごと」を問題解決的な学習で検討した後に，掃除の時間に遊んでいる友達に対してどう対応すべきかを検討する。あるいは，「裏庭でのできごと」を検討した後，社会問題化している食品偽装や贈収賄の事件を取り上げることもできる。「なぜこのような問題が生じたのか」「自分がその担当者の立場ならどうすべきか」「自分の選択が会社や社会全体にどのような影響を与えるか」について考えてもよいだろう。

　中学校3年では，「二通の手紙」を読んで検討した後に，「ココロ部！」の「遅れてきた客」を使うこともできる。この「ココロ部！」の制作には，筆者も指導・助言しており，問題解決的な学習に使いやすい構成となっている。

❺　実体験活動の活用

　道徳授業で実物を用いたり実体験をしたりすることで，実感を深めることもできる。例えば，導入や展開の一部で，身体の不自由さを体験的に理解するために，一方が車椅子に乗り，もう一方が車椅子を押す体験をする。また，1人がアイマスク（目隠し）をして，もう一方がその人を誘導する活動を取り入れる。手足に重りを付けて動いたりすることで身体の不自由さを体験的に理解することもできるだろう。

　生命尊重の授業をする場合，互いに脈を測ったり，聴診器で自他の心臓音を聞いたりして生命の鼓動を実感する体験活動を取り入れることもできる。

148

第6章　道徳科における体験的な学習

　こうした道徳授業を特別活動などで行われる「体験活動」と関連づけて，道徳的実践の場につなげることも有効だろう。

❻　礼儀作法の教育

　礼儀作法やエチケット，マナーに関する学習は，動作や所作を具体的に理解したうえで，それを体験することも有効である。あいさつや食事のマナーなどを心得やスキルとして理解した後に，実際に行動して体得することができる。

　伝統的な礼儀作法やマナーについては，「どうすべきか」を話し合うよりも，まず基本的な知識や技法を理解したうえで，実際のさまざまな場面を想定して，シミュレーション型の体験的な学習を自分でも行ったほうが有効である。

　教材「あいさつでつながる」は，さまざまな状況においてどのようなあいさつが適切かを実際に行っている。また，あいさつの基本や留意点を学ぶことであいさつの質を高めている点も印象的である。

❼　体験的な学習の留意事項

　こうした体験的な学習を道徳授業に取り入れる際には，単に活動を行って終わるだけでは十分ではない。授業で子どもが体験を通じて学んだことを振り返り，その意義について十分考えられるようにすることが大事になる。

　体験的な学習それ自体が目的ではなく，そうした学習を通して道徳的価値の理解を深め，さまざまな課題や問題を主体的に解決するための資質・能力を育成することが目的であることを十分に留意する必要がある。

❽　特別活動などの体験活動との関連づけ

　道徳教育の実効性を高めるためには，道徳科の授業で学ぶことを実際の日常生活と関連づけることが大切である。特に，特別活動などの体験活動を道徳的

149

第2部　道徳の指導法

実践として省察する経験が有意義になる。この場合，道徳授業の前に体験した活動を振り返るパターンと授業後に体験活動を行うパターンがある。

①体験した活動を振り返る

　前者のパターンは，道徳授業の前に特別活動をはじめ，総合的な学習の時間，各教科などにおいて多様な実践活動や体験活動を行っておき，道徳授業のなかでそうした活動に含まれる道徳的価値の意義を深く実感するものである。事前に子どもの実態把握をするうえでも，体験活動と関連づけることは大切である。

　例えば，集団宿泊活動，自然体験活動，運動会・体育祭，修学旅行，職場体験活動，奉仕体験活動などの豊かな体験を，道徳的実践として捉えておくことができる。そして，子ども一人一人が学校や学級の一員として活動した経験をもとに，自分の役割と責任について自覚を深めた体験を，道徳授業の導入や展開部で振り返る。また，朝夕の登下校や給食時，掃除，休み時間などの出来事，あるいは家庭や地域社会での出来事などを取り上げ，道徳的価値と関連づけて授業中に省察することも有意義である。

②授業後に体験活動を行う

　後者のパターンは，道徳授業で育成した道徳性を日常生活に活用するものである。道徳の授業中にどれほど道徳的価値を深めても，その後の実践や習慣に結びつかなければ，畳の上の水練にすぎず，実効性が高まらない。道徳授業をした後にそこで習得した道徳的価値（観）に基づいて道徳的行為を経験することこそが，本物の道徳性を養い，人格の形成によりよい影響を及ぼすのである。

　例えば，道徳授業で公共の精神を高めた後に，特別活動などで地域の清掃活動やボランティア活動を道徳的実践として行うことができる。また，道徳授業で集団生活の充実を考えた後に，長縄跳び大会に出たら大活躍したという事例もある。さらに，道徳授業で思いやりの心を養った後に，幼児や高齢者のいる施設を訪問して実際に交流を図った例もある。学校行事や体験活動は義務や強制で行えばやる気を失うが，道徳的な意義を意識して自発的に行えば，有意義な道徳的実践の場になるのである。

　このように道徳授業と体験活動を関連づける場合は，子どもの発達段階を考

150

第6章　道徳科における体験的な学習

慮しながら，年間指導計画における学校行事や教科などの学習活動と結びつけて，道徳的実践の場を有効活用できるように留意する。

❾ 構成的グループ・エンカウンターを用いた道徳授業

　道徳的行為に関する体験的な学習として，わが国ではこれまでも構成的グループ・エンカウンターを活用した道徳授業の実践例がある。

　エンカウンターとは「出会い」という意味であり，より具体的には「心と心のふれあい」を指す。エンカウンターでは本音と本音が交流し合う人間関係（グループ）のなかで，他者と出会い，真の自己とも出会っていくのである。このようにエンカウンターでは，社会的規範や他者の価値観による拘束から解放され，自由に主体的な価値判断ができるようになる。自己，他者，集団との出会いを創出するものであり，自己変革，自己啓発，集団形成，学級形成を促す方法である。また，エンカウンターでは思考や感情を働かせるとともに，エクササイズやアクティビティ（活動）によって体を動かすため，思考と感情と行動のバランスをとることができる。

　構成的グループ・エンカウンターは，おもにエクササイズとシェアリングの2本柱からなる。エクササイズとは，ねらいを達成するために用意された課題や実習であり，ねらいをスムーズに，効果的に，楽しく達成するための効果的な手段である。このエクササイズでは，防衛やダメージに気づかい，メンバーのレディネス（心の準備状態）に応じて，安心して取り組むことができるようにすることが大事である。シェアリングとは，体験したエクササイズを振り返り，感じたことや気づいたことなどを分かち合うことである。

（1）エンカウンターを用いるメリット

　エンカウンターを用いることのメリットとしては次の3つがある。まず，自他の理解を深めることができる。次に，道徳的価値の大切さを観念的に理解するのではなく，思考や感情を身体を通してリアルに実感できる。第3に，スキ

151

ル（技能）を学ぶことができる。

①自他の理解を深める

　第1の自己理解の方法としては，例えば，「私は～です」という文章を10例以上作らせて互いに発表させることで，自己の深層心理を再発見することになり，また，これまで知らなかった他者を再発見し，心の交流をするよい機会となる。また，クラスメイトと共にお互いのよいところを見つけ合い探し合う「いいところ探し」や「Xからの手紙」といったエクササイズを行うことで，他者のよさを見つけるとともに自分のよさを知り，それぞれがもっているよさを伸ばして行こうという個性伸張の価値を体験的に理解することができる。

②思考や感情をリアルに実感する

　第2の体を通した実感としては，例えば，「ブラインド・ウォーク」というエクササイズを行うことで，目の不自由な人の生活感覚を自分自身でリアルに体験し感じ取ることができる。また，「トラスト・フォール」や「トラスト・ウォーク」は，身体的なレベルで相手を信頼したり，相手から信頼されたりする体験である。このように体験学習としてエンカウンターを取り入れることによって，子どもたちはねらいとする価値に直接的に迫ることができる。

③スキルを学ぶ

　第3のスキルの学習としては，例えば，ソーシャル・スキル・トレーニングやアサーション・トレーニングをあげることができる。エンカウンターのエクササイズを取り入れることによって，スキル・トレーニングまで行うことができる。「こんなときどうすればいいか」を体験学習による模擬実習で教室のなかで学ぶことは意義あることである。

（2）エクササイズの事例

①あいさつと握手…自由に動き回ってあいさつと握手をして人間関係を築く。

②自己紹介…「私は～です」という文章を10通りほど作って発表する。

③他者紹介…ペアで自己紹介した後，「○○さんは～という人です」とみんなに紹介する。

第6章　道徳科における体験的な学習

④フィーリング…相手の手を握って感覚を感じ取る。1分後に感想交流。

⑤ジェスチャーゲーム…新聞紙を使ってできることをジェスチャーで伝える。

⑥楽しかった思い出…例えば，運動会で1等賞をとったなどの思い出を語る。

⑦辛い思い出…例えば，嫌いな物を食べられずに困ったなどの思い出を語る。

⑧忘れえぬ人…例えば，親身になってくれた小学校の先生について語る。

⑨内観法…例えば，「母親にしてもらったこと」「母親にしてあげたこと」「母親に迷惑をかけたこと」を思い出す。

⑩アサーション…相手の要望を4回断り，5回目で受け入れる。

⑪エンプティ・チェア…空の椅子に相手がいるつもりで語りかける。役割交換する。

⑫共同絵画…黙って順番に絵を描く。何回転もして全員で絵を仕上げる。

⑬トラスト・フォール…相手を信頼して後ろに倒れる。

⑭トラスト・ウォーク…相手を信頼して歩く。

⑮ウェイト・ウォーク…重りを付けて歩く。

⑯好きな理由…4人1組で「私は○○さんが好きです。なぜなら～」と互いに好きな理由を述べる。

研究課題

（1）体験的な学習を用いた道徳授業の指導案を作成してみよう。どのような教材を使って，どの場面でどのような体験的な学習を導入できるか検討しよう。

● 第2部 ●

第7章 道徳科の多様な授業展開例

　本章では，ここまでの道徳科の理論や原理・原則を活用しながら，実際の授業展開を考えてみたい。以下で，小学校の低学年，中学年，高学年，中学校の1年，2年，3年で授業展開例を検討する。

❶ 小学校の道徳授業例

（1）小学校低学年

「はしの上のおおかみ」のあらすじ

> 　一本橋でウサギが真ん中まで渡ったとき，反対側からオオカミがやって来て「戻れ」と言って追い返した。オオカミはこれが面白くて，キツネやタヌキが来ても「戻れ」と言って追い返した。次に，オオカミが「戻れ」と言おうとしたら，相手はクマであった。オオカミは自分が戻ろうとしたら，クマはオオカミを抱き上げて後ろ側へ渡してくれた。オオカミはクマの優しさに感動して，その後はみんなを優しく渡してあげるようになった。

出典：奈街三郎「はしの上のおおかみ」子どもの文学研究会編『読んでおきたい物語　やさしい心の話』ポプラ社／文部科学省編『私たちの道徳 小学校1，2年』

（練習問題）
問①この教材を用いる場合，ねらいをどのように設定するか
　例えば，学習指導要領に即した大きなねらいとしては，親切についての理解をもとに，身近にいる幼い人や友達と温かい心で接し，仲のよい人間関係を築く態度を育むことである。教材に即したねらいは，オオカミ，ウサギたち，ク

マの立場から自他の幸福を多面的に考え，どうすればよいかを判断する能力を養うことである。

問②この教材でどのような発問をするか

自我関与型…オオカミはなぜ変わったのか。

問題解決型…自分がオオカミの立場ならどうするだろうか。

それでみんなが幸せになれるだろうか。

「かぼちゃのつる」のあらすじ

> カボチャがつるを自分の畑からどんどんはみ出して伸ばしていく。ミツバチやチョウチョに注意されてもやめない。次に，スイカ畑へ伸ばし，スイカに注意されてもやめない。さらに，道に伸ばしていき，子犬に注意されてもやめない。子犬に踏まれてもやめない。最後に，車道に伸ばしていくと，車にひかれて切れてしまった。カボチャは涙をポロポロこぼした。

出典：大蔵宏之「かぼちゃのつる」文部省編『小学校道徳の指導資料 第3集 第1学年』

（練習問題）

問①「かぼちゃのつる」の物語に関連する道徳的価値には何があるか？

a）自由に伸び伸びと生活する（自由）。b）他人に迷惑をかけない。c）よいことと悪いことの区別をする。d）わがままをしない。e）安全に気をつける。危険な行為をしない。

問②中心発問はどうするか？　基本発問は？　補助発問は？

中心発問…問題解決型「あなたがカボチャならどうしますか」。心情理解型「つるが切れたとき，カボチャはどんな気持ちだったでしょう」。

基本発問…問題解決型「カボチャの困ったところはどこでしょうか」。心情理解型「チョウチョ，スイカ，子犬から注意されたとき，カボチャはどのように思ったでしょう」。

補助発問…「どうしてカボチャはつるを伸ばすのをやめなかったのでしょう」。「カボチャはどうすればよかったのでしょうか」。

第2部　道徳の指導法

「となりのせきのますだくん」のあらすじ

　ある朝，みほちゃんは学校に行きたくなかった。それは隣の席にますだくんがいるからだ。算数の時間では，手を使って計算をするみほちゃんを笑い，給食では嫌いなにんじんを残しているのを大声で注意し，体育の時間も縄跳びやかけっこが苦手なことを馬鹿にする。昨日の帰りの時間，みほちゃんの気に入っていたピンクの鉛筆をますだくんが折った。怒ったみほちゃんは，ますだくんに消しゴムを投げつけた。ますだくんはビックリし，にらんできた。みほちゃんは恐くなってあわてて家へ帰った。今日，学校へ行ったら，ますだくんにぶたれると思う。

出典：武田美穂（作・絵）『となりのせきのますだくん』ポプラ社

（練習問題）

この絵本を用いて効果的な発問を考えよう。

問①どうしてみほちゃんは悩んでいるのでしょう。

問②みほちゃんはどうしたらいいでしょうか。

問③ますだくんはなぜ嫌がることをしたのでしょう。

問④２人が仲よくなれるためにはどうすればいいでしょうか。

（2）小学校中学年

「絵葉書と切手」のあらすじ

　ひろ子が転校していった仲よしの正子から絵葉書を受け取る。ひろ子ははじめ喜ぶが，その絵葉書が定形外ゆう便物で70円の料金不足であることを知る。ひろ子はすぐ返事を書こうとしたが，正子に料金不足のことを知らせるべきかどうか迷う。お母さんに聞くと，「お礼だけ書いたほうがいいかもしれないね」と言う。お兄ちゃんに聞くと，「ちゃんと言ってあげたほうがいいよ」と言う。そこで，ひろ子は迷ってしまう。しばらくして，ひろ子は２人で遊んだ楽しい思い出を思い浮かべ，料金不足を教えることに決めた。

出典：辺見兵衛「絵葉書と切手」文部省編『小学校道徳教育推進指導資料 第3集』

第7章　道徳科の多様な授業展開例

（練習問題）

問①この教材を使って授業を行う場合，主題，ねらいとする価値は何か

　中心価値は「思いやり・親切」であることが多い。周辺価値としては，正直，友情，規則尊重などがあげられる。

問②この教材にふさわしい発問を3つあげよ

　心情理解型では，「ひろ子が迷ったときの気持ち」や「料金不足を教えようとしたときの気持ち」を問う。

　問題解決型では，「あなたがひろ子なら教えてあげますか」「正子なら教えてほしいですか」「どのように教えたら上手に伝わるでしょうか」などを問う。

「父の言葉」のあらすじ

　私（黒柳徹子）は幼いころに結核性股関節炎で入院し，同じ病気の女の子に出会った。私は普通に歩けるようになったが，その子は松葉杖で歩くことになった。退院後その子と会ったが，何も言わずにすれちがった。その後は会うと隠れるようになった。あるとき父と散歩していると，その子に会ったので隠れて，わけを話した。父は「そんなにかわいそうだと思うなら，行ってお話してあげなさい」と言った。しかし，私はそうすることができなかった。私は，そのときのことを1つのきっかけとして，後年，ユニセフや福祉でボランティア活動するようになった。

出典：黒柳徹子『トットちゃんとトットちゃんたち』講談社

（練習問題）

問①この教材に適した発問を3つあげよ

　心情理解型では，「私」が隠れた理由や将来，ユニセフなどで活動するようになった理由を問う。

　問題解決型では，「もし自分が『私』の立場ならどうしますか」「その結果どうなるでしょう」「自分が松葉杖の女の子だったらそれでよいか」「ほんとうはどうしてあげたいか」などを聞く。

157

第2部　道徳の指導法

問②体験的な学習を取り入れた展開を考えてみよう

　「父」と「私」と「女の子」で役割演技をする。実際はできないことでも，こうできたらいいなと思えることを演技してもよい。

「名前のない手紙」のあらすじ

（前半）私（明子）は苦手な理科のテストで83点をとり大喜びしたが，クラスのみんなが急に私をのけ者にし，だれも口をきいてくれなくなった。その後，杉田光子がみんなに「明子ともう絶対に仲よくするな」という指令を出したことを知る。光子は成績トップでリーダー的な存在だから，だれも逆らえない。

（後半）ある日，私の筆箱の中に差出人のわからない手紙が入っていた。「光子さんのいうとおりにしていたけれど，明子さんを嫌っているわけではない」という内容だった。そして，転校していく吉野さんがお別れの会の日に，「何も理由はないのに，みんなの真似をして明子さんを仲間はずれに…。とても恥ずかしいことをしたと反省している」と謝った。教室のあちこちに自分もそうだと認める声が上がった。とうとうこの日，みんなの仲間に戻ることができた。

出典：井上明子「名前のない手紙」『4年生の道徳』（2005年版）文溪堂

（練習問題）

問①この教材を用いた場合，どのような授業のねらいが考えられるか

　大きなねらいは，友達と互いに理解し，公正，公平な態度で接することである。教材に即したねらいは，強い子からいじめの指令が出されたとき，「私」や傍観者はどのように解決するかを考え，適切な判断ができる能力を養うことである。

問②効果的な発問を考えなさい

導入例…「友達が困っていたら，どうしますか」「その子が嫌いだから助けるなと言われても，助けますか」。

展開例…「私は何に悩んでいますか」「吉野さんはどんな気持ちで手紙を書いてくれたのだろう」「もしあなたがこの学級にいたら，どうすること

ができるでしょうか」。

（3）小学校高学年

「うばわれた自由」のあらすじ

　森を守る番人のガリューは，禁猟区で銃を撃っていたジェラール王子を戒める。ジェラール王子は酔い覚ましに，自由にしたいことをしようとする。それに対してガリューはそうしたわがまま勝手は許されないと毅然と答え，ついに牢に入れられる。その後，ジェラールが王位を受け継ぐと，国民は自由をはき違えてしまい，国が乱れていく。国を憂うる大臣たちの謀反があり，ジェラール王が今度は牢に入れられる。牢でガリューとジェラール王が再開し，ほんとうの自由について考える。

出典：江橋照雄「うばわれた自由」文部省編『小学校道徳教育推進指導資料 第1集』／
　　　文部科学省編『私たちの道徳 小学校5，6年』

（練習問題）

　具体的に指導案を構想してみよう。以下に指導案の例を示す。

①主題名：ほんとうの自由とは何か。

②ねらい：わがまま勝手とほんとうの自由の違いを理解し，なぜ自由な考え方や行動が大切かを考え，規律ある生活をしようとする態度を育てる。

③主題設定の理由：自分勝手な行動をするジェラール王子と，規律を大切にする森の番人ガリューの考え方や生き方を通して，自由と規律について考えを深める。

④展開の概要

a）「自由」について考えを発表し合う。「自由という言葉を聞いてどんなことを考えますか」

b）教材「うばわれた自由」を読む。

c）教材をもとに自由について話し合う。

　発問例「ジェラール王子はどんな気持ちで狩りをしたのでしょう」「ジェラ

第2部　道徳の指導法

ール王子にはどんな問題があるでしょう」「ガリューとジェラール王子の考え方はどこが違うか」「ジェラール王子はどうすればよかったのか」

d）ガリューとジェラール王子の役割演技を行う。

e）自分の生活と関連させて自由と規律について考える。

f）教師の説話を聞く。

「手品師」のあらすじ

腕はいいが売れない手品師は，暮らしは楽ではなかったが，大きな劇場で華やかな手品をすることを夢見て日々腕を磨いていた。そんなある日，手品師はしょんぼりと道に座り込んでいる少年に出会った。手品師はその少年を励ますために自分の手品を見せて元気づけてやった。そして，手品師は翌日もその少年のもとに来て手品を見せることを約束した。しかし，その夜，手品師のもとに友人から電話が入った。聞くと，急病で出演できなくなった手品師の代わりに，大劇場での舞台に出演してくれないかという依頼であった。すぐに家を発たなければ舞台に間に合わなくなるし，大劇場への出演の依頼は2度と来ないかもしれない。しかし，大劇場へ行けば，少年との約束が果たせなくなる。手品師はおおいに迷ったが，少年との約束を果たすために，友人からの誘いをきっぱり断り，翌日も少年のもとへ行って手品を披露した。

出典：江橋照雄「手品師」文部省編『小学校道徳教育推進指導資料 第1集』

（練習問題）

適切な教材の活用と発問を考えよう。

①**心情把握型**…全文をすべて読んだ後に，「大きな劇場で成功するのを夢見ていたときの手品師の気持ち」「舞台に出るかどうか迷っている気持ち」「なぜ手品師は少年のところへ行ったのか」を問う。

②**問題解決型**…教材を「手品師はおおいに迷った」場面で区切る。そして「自分ならどうすべきか」を考え話し合う。それぞれのメリットやデメリットを確認しながら，お互いに納得し合える最善解をつくり上げる。

160

第7章 道徳科の多様な授業展開例

❷ 中学校の道徳授業例

(1) 中学1年生

「裏庭でのできごと」のあらすじ

昼休みに健二は大輔に誘われて，雄一と一緒に裏庭でサッカーをやることになった。裏庭に行くと，猫が木の上のヒナをねらっていた。雄一が猫にボールを投げつけると，ボールが木から跳ね返って倉庫の窓ガラスを割ってしまった。雄一はすぐ先生に報告しに行った。その場に残った健二と大輔は，ボールを蹴りながら待っていた。健二が夢中になって強く蹴ったところ，雄一が割ったガラスの隣のガラスを割ってしまった。そこに雄一が先生を連れてきた。大輔は健二が割った2枚目のガラスも，雄一が割ったことにして，「ヒナを助けようとしてやったことだから，許してやってください」と弁護した。先生が職員室に戻った後，雄一は「おまえら調子よすぎるぜ」と怒った。それに対して大輔は「友達じゃないか」と気にかけなかった。しかし，健二は午後の授業や部活にも集中できなくなった。帰りに健二が先生に言いに行こうすると，大輔が「もうすんだことだから」「俺を出し抜いて行くなよ」と口止めした。健二は家に帰ってからもずっと悩み続けた。翌朝，健二は雄一に「ぼく，やっぱり先生のところに行ってくるよ」と言った。雄一は少し微笑むが，「それじゃ大輔は…」と言いかけた。健二は首を横に振ると，1人で職員室に向かった。

出典：協力者会議編「裏庭でのできごと」文部省編『中学校道徳教育推進指導資料 第1集』

①教材の分析

この資料では，健二が思い悩みながらも，自分の行動に責任をもち，誠実に実行しようとする姿が描かれている。そのため，学習指導要領の内容項目でいうと，A－（1）「自律の精神を重んじ，自主的に考え，判断し，誠実に実行

161

第2部　道徳の指導法

してその結果に責任をもつこと」に対応する。そこで，授業のねらいは，「自律」に重点をおいて，「自ら考え，自主的に判断し，自律的に行動しようとする態度を育てる」と設定する。また，「誠実」に重点をおいて，ねらいを「自分の行動が及ぼす結果を深く考え，責任をもって誠実に行動しようとする心情を育成する」と設定することもできる。この物語に現れるおもな道徳的価値としては，「自律」「誠実」「責任」「友情」など複数をあげることができる。伝統的なやり方では，ねらいがぶれないように中心価値（例えば「誠実」）を1つに絞るようにする。

　この教材は，健二，雄一，大輔の友人関係や友情が書かれた資料として読むこともできる。その場合は，学習指導要領の内容項目でいうと，B－（8）「友情の尊さを理解して心から信頼できる友達をもち，互いに励まし合い，高め合う」に関連づけられる。また，公共的な器物を破損した場合の責任のとり方は，公共の精神と関連づけて考えることもできる。そのため，C－（12）「公共の精神をもってよりよい社会の実現に努める」などと関連づけることもできる。さらに，この物語に含まれる複数の道徳的価値（例えば，自律，責任，誠実，友情，公徳心など）を同時に追求するやり方もある。

②学習指導過程

　次に，一般的な学習指導過程を概観してみよう。

導入

　これまでの自分の生き方や友人とのつき合い方を振り返り，誠実に行動してきたかについて考える。具体的には，「正しいとわかっていながら，そう言えなかったり，間違っていると知りながら，ついやってしまったりしたことがないか」を話し合う。

　別のやり方として，「誠実」という言葉のイメージを自由に語り合ってもよい。生徒からは，「まじめな感じ」「よい人柄」「わからない」などの意見が出てくる。ここでは模範解答を見いだす必要はなく，「誠実とは何か」という問題意識をもたせればよい。

展開例

162

ガラスを割った後，登場人物たち（健二，雄一，大輔）の対応はそれぞれ異なっている。そこで３人の考え方や価値観を比較しながら，人間としてあるべき姿を追求し，それに伴う責任のとり方について検討する。その際，健二の気持ちだけでなく，雄一や大輔の気持ちを比較し，誠実で責任のある対応の仕方とはどのようなものかを考える。

登場人物の健二，雄一，大輔の立場になって，「どうすればよいか」をそれぞれ考えることができる。ここでの人間関係としては，大輔が健二や雄一よりも強いことが想定される。そのため，健二はなかなか本心を言えないでいる。そこで，健二が思い悩んでいる場面で物語をとめて，「健二はどうすればよいだろう」と問いかける。子どもを健二の立場に立たせて，「自分だったらどうするだろう」と問いかけてもよい。

解決策としては，次の２つが考えつく。１案「黙ったままにする。大輔を怒らせたくないから」。２案「先生に言いに行く。雄一にだけ責任を押しつけるのは悪いから」。そこで，教師は「３者が互いに納得できる解決策はないだろうか」と問いかける。そうすると，生徒同士の話し合いによって，３案「大輔を説得したうえで先生に言いに行く」，あるいは４案「初めは先生に黙っておいても，後でみんなで謝りに行く」などが提案される。子どもたちは教師や大人の支配から逃れて独自のリアルな価値観を築き，多様な解決策を比較して，どれがよりよいかを検討する。

こうした選択肢のなかから因果関係も踏まえて，「できるだけ早く大輔と直接話し合うべきだ」「自宅から電話かメールで連絡する」「大輔の合意を得られた後に，先生のところへ行くべきだ」などという具体的な解決策が出てくる。健二は事前に大輔と相談して了解を得ることにより，誠実で責任ある態度と友情関係を両立することができる。

③格言や詩の活用

授業の終末では，格言や詩を提示して，その意味を考えさせる方法もある。例えば，オルテガ（José Ortega y Gasset）は，「人間にとって『生きる』とは単に『存在する』ことではなく『よく存在する』ことを意味する」と述べ，

第2部　道徳の指導法

「よく存在するためにはどう生きればよいか」と問いかける。

　また，相田みつをの詩集『にんげんだもの』（文化出版局）にある詩「つまづいたおかげで」を読み上げる。「つまずいたり　ころんだり　したおかげで　物事を深く考えるようになりました　あやまちや失敗を繰り返したおかげで　少しずつだが　人のやることを　暖かい眼で　見られるようになりました（以下，略）」。こうした詩を読み物教材と関連づけて，過ちを責めるだけでなく，自分の生き方を深く反省し，人生の教訓とすることが大事であると語る。

（2）中学2年生

　まず，「いじめとは何か？」の概念定義を確認する。

> 文部科学省　「当該児童生徒が，一定の人間関係のある者から，心理的，物理的な攻撃を受けたことにより，精神的な苦痛を感じているもの」（平成18年度より）
> 警察庁「単独または複数の特定人に対し，身体に関する物理的攻撃または言動による脅し，いやがらせ，無視等の心理的圧迫を反復継続して加えることにより，苦痛を与えること」

　次に，いじめについての教材を読む。

「いじめについて考える」をもとに作成

> 資料1　A男の話　ぼくは体が弱かったので，中学2年生ごろからB男たちにいじめられるようになった。いじめられないようにCDやゲームを貸したが，そのうち金をせびられるようになった。ほかの生徒はただ見ているだけで，先生が来ても，B男が「プロレスごっこをしているだけ」と言うと，立ち去った。学校に行くのが怖くなって，死にたいくらいだった。

> 資料2　B男の話　A男から金をとったり殴ったりしたのは悪かったと思う。でも，初めは気に入られようとして自分からCDやゲームを持ってきたんだ。プロレスごっこも遊びなんだから，辛いならそう言えばいいんだ。オレたちだって強

164

い奴らにやられたけど，我慢したんだ。ちょっとしたことで悲鳴を上げるから，面白がられてやられるんだ。

資料3 C男の話　B男を中心に4，5人のグループがよく弱い奴をいじめていた。そのうち抵抗できないA男がいつもいじめられるようになった。でも，B男たちからの仕返しが怖くて何もできなかった。だれかがいじめられている間は，自分は大丈夫だとわかっていたから，悪いとは思ったが，見て見ぬふりをしていた。

出典：山井宥昌「いじめについて考える」文部省編『中学校道徳教育推進指導資料 第6集』

問……資料1～3の手記を読んでどのように思いましたか。

　この事例のいじめ問題は，どうすれば解決できると思いますか。なぜそう思うか，そうした結果どうなるかも考えて話し合いましょう。

「スリーテン」のあらすじ

　ある冬の朝，10人の客を乗せたバスが寒い荒地でパンクしてしまいました。運転手が電話でバス会社に連絡すると，1時間ほどして代わりの小型バスが1台来ました。しかし，その小型バスには運転手のほかに7人しか乗れません。外はとても寒くて凍えそうで，みんな暖かな小型バスに乗りたがっています。10人の客は次のとおりです。

① 40代女性の会社員
② 50代男性の政治家
③ 6歳の女児
④ 自分と同じ学校の異性の友達
⑤ 60代男性の僧侶
⑥ 70代の優しそうな女性
⑦ 40代男性の大工
⑧ 30代の怖そうな男性
⑨ 30代の妊婦服を着た女性
⑩ 自分（中学生）

出典：柳沼良太「スリーテン」『問題解決型の道徳授業』明治図書

問……あなたがバスの運転手なら，どの7人を優先しますか。

　それぞれの人に早く行きたい理由を聞いたら，次のようになりました。

165

第2部　道徳の指導法

①	40代女性の会社員→	「就職の面接があるため，遅れたくない」
②	50代男性の政治家→	「重要な会議がある。後でお礼をするから」
③	6歳の女児→	「寒いから早く小学校へ行きたいよ」
④	自分と同じ学校の異性の友達→	「テストがあるので早く行きたい」
⑤	60代の僧侶→	「集会があるので早く行きたい」
⑥	70代の優しそうな婦人→	「ゲートボールの試合に遅れたくない」
⑦	40代男性の大工→	「急病なので，早く病院へ行きたい」
⑧	30代の怖そうな男性→	「先に乗せないと，殴るぞ」
⑨	30代の妊婦服を着た女性→	「お腹に子どもがいるので辛い」
⑩	自分（中学生）→	「今日はテストがあるので，早く学校へ行きたい」

問……もう一度，あなたが運転手ならだれを優先するか考え直しましょう。

（3）中学3年生

「二通の手紙」のあらすじ

　毎日，幼い姉弟が連れ立って動物園にやって来て中をのぞいていた。親と一緒に来られない事情があるらしい。ある日，元さんは入園時間をわずかに過ぎていたが，弟の誕生日でどうしても入りたいという姉弟を入園させてしまう。ところが，いつまでたっても2人は戻らず，園内は大さわぎとなる。その後，姉弟の母親からのお礼の手紙と解雇処分を言い渡す上司からの手紙を受け取ることになる。

出典：白木みどり「二通の手紙」文部省編『中学校道徳教育推進指導資料 第6集』

（練習問題）

　この教材を用いて授業のねらいを設定し，心情理解型と問題解決型の展開の例をそれぞれ考えてみよう。

①**心情理解型**……元さんの心情を追いながら，秩序と規律ある社会を維持する

166

第7章　道徳科の多様な授業展開例

には，義務の遂行が大切であることに気づかせる。

○どんな気持ちで元さんは規則を破って姉弟を入園させたのか。

○事務所の中で連絡を待つ元さんは，どう思ったか。

◎元さんがこの年になって初めて考えさせられたこととはどんなことか。

②**問題解決型**……元さんの立場で問題を解決し，規則の意義を再考する。

○この教材では何が問題になっているか。

◎あなたが元さんならどうしたらよいと思いますか。

○姉弟を入園させることはほんとうに思いやりでしょうか。

○法やきまりは何のためにあるのでしょう。

「二人の弟子」のあらすじ

> 　厳しい修行に耐え勉学に励む智行のもとに，かつて同志だった道信が現れた。道信は厳しい修行に耐えることができず，逃げ出した身であり，智行はいまさら戻ってきたところで，上人様が許すとは思えないと考えていた。ところが，上人様は道信を許し，再び寺へ迎え入れる。智行はそれを理解することができず，道信を迎え入れることができずにいた。智行が上人様に訳を尋ねると，「人はみな自分自身と向き合って生きていかなければならない」と言われた。智行はその意味を図りかねていた。その後，月に照らされた純白に輝く一輪の白百合を見て，思わず涙して立ち尽くした。

出典：西野真由美「二人の弟子」文部省編『中学校道徳教育推進指導資料 第3集』

（練習問題）

導入　これまで人を許せなくなったときはないか。

展開　智行の心のなかで何が問題になっているのか。

　　　上人はなぜ道信を許したのか。自分なら許せるだろうか。

　　　智行が白百合を見つめながら涙をこぼしたのはなぜか。

　　　智行はどうしたらよりよく生きることができるだろうか。

終末　これから人を許せないとき，どうすれば克服できるだろうか。

167

第2部　道徳の指導法

「缶コーヒー」のあらすじ

　私（女子中学生）は毎朝電車通学をしている。乗り合わせる人とも顔なじみに
なり，通学を楽しみにしている。ある朝，ＯＬらしい人がボックス席にいた私の
前の席に座り，イヤホンで音楽を聴きながら朝食をとり始める。窓のところに置
いた缶コーヒーが，電車の振動で倒れそうになるのに気づき声をかけるが，その
人に気づいてもらえない。そこに電車の急ブレーキがかかり，飲み残しのコーヒ
ーが私のスカートとノートをぬらしてしまった。すると，そのＯＬは電車の急ブ
レーキのせいにして，逃げるように降りて行った。自分を責める私の言葉を聞い
ていた顔なじみのおばさんに，「あなた，しっかりしなさいよ」と強い口調で言
われた。

出典：神奈川県道徳授業研究会「缶コーヒー」『中学道徳3』（2012年版）東京書籍

(練習問題)

　この教材を使い体験的な学習を取り入れた指導案を考えてみよう。

　例えば，私，ＯＬ，おばさん，それぞれの立場で役割演技し，それぞれの主
張をし合う。どうすれば相手と適切なコミュニケーションができるか話し合う。

　研 究 課 題

（1）いろいろな教材を用いて自分なりの指導案を作成してみよう。

（2）作成した指導案を実際に模擬授業してみて，その省察をまとめよう。
　　　どこがうまくいったか。どこに課題が残ったか。

第7章　道徳科の多様な授業展開例

第2部

第8章 教師に求められる道徳的指導力とは

❶ 教師の道徳的指導力とは何か

　本章では，教師が道徳的指導力を高めるための心構えと技法について述べてみたい。教師が道徳的指導をするのは，週1回の道徳授業だけではなく，学校での教育活動全体を通じてである。そこでは，日常生活における教師の道徳的指導力が求められる。教師の道徳的指導力とは，道徳の目標を達成するために，子どもたちの良好な人間関係を維持し，信頼関係を築きながら，子どもたち一人一人の生きる力をフルに発揮できるように援助する能力である。

　教師が道徳的指導力を高めるためには，まず自分自身がどのような指導をしてきたかを振り返る必要がある。教師の指導スタイルとしては，大別すると教師中心型，子ども中心型，折衷型になる。教師は，道徳においてディレクター（指示する人）であり，ケアラー（世話をする人）であり，エデュケーター（教育する人）であるが，それぞれの教師では強調点が異なる。自分がこれまでどのような指導スタイルをよしとしてきたか，これからどのような指導スタイルを身につけたいか明確にしておきたい。

❷ 子どもが道徳目標を達成するための指導法

（1）道徳の目標を設定する

　まず，目指すべき道徳の目標を設定する。このとき大事なのは，その目標を達成可能なものにすることである。子どもの発達状況や学校・学級の状況を踏

まえて，やや高めの目標として，努力すれば達成できるものにするとよい。こうすることで，子どもたちはやる気を出して取り組むことができる。次に，具体的な目標にして，子どもたちの達成の度合いが客観的にわかるようにする。いつまでに，何を，どこまでやるのか，明確であれば持続する。第3に，子どもたちの状況に合わせて，意味のある目標にする。何のためにやるのかを明確にすることで，子どもは自発的に取り組むことができる。

　教師は明確なビジョンをもって，道徳の目標を設定したら，学校や学級にそれを提唱し，実践する勇気が必要である。また，小学校の学年が高くなってきたら，学級目標を設定する際に子どもを参加させるのもよいだろう。そのほうが子どもたちも教育目標を達成しようとするやる気が高まり，行為の意味を確認することができるからである。

（2）道徳の目標を周知徹底する

　教師は道徳の目標を設定するだけでなく，それを子どもたちのわかりやすい言葉を用い，口頭や文章で表明する必要がある。目標だけでは抽象的なので，役割を明確にして，それぞれの重要さを強調し，それをきちんと果たすように指導する。その役割に見合った権限と責任を付与することも大切である。

　また，教師は目標を口頭で説明するだけでなく，モデルを示すことも大切である。例えば，「報告・連絡・相談」「あいさつ」「お辞儀」などを目標として設定するのであれば，自ら模範的な行為をしてモデルを示す必要がある。目標をある一定期間行うのであれば，一貫性を保つことも重要である。

（3）道徳の目標を実践し，軌道修正する

　道徳の目標を設定（Plan）したら，実際にそれを学校生活で実践してみて（do），その教育効果を検証し（check），最後にそれを評価・検討する（action）ことが大切である。お題目や企画倒れで終わらないためにも，道徳の結果に基づいてフィードバックしながら逐次修正をすることが大切である。

第2部　道徳の指導法

（4）道徳的問題の解決

　学校では日常的に道徳的問題（いじめ，喧嘩，器物損壊，ルール違反，私語，カンニングなど）がある。ただ，問題はあってあたりまえであり，それを隠すのではなく，むしろよい指導の機会として肯定的に捉える必要があるだろう。

　まず，問題解決で重要なのは，早い段階で発見し対応することである。問題について子どもの責任を追及するのではなく，事や物に焦点を当てることが大事である。子どもたちに人間関係，事実関係，因果関係をじっくり見つめ直させることが解決の手がかりとなる。

　次に，すぐに教師が指示・命令をするのではなく，子どもたちに問題解決をゆだね，その解決の喜びを与えることが重要になる。それゆえ，子どもたちが「どうしたらいいですか」と聞いてきたら，「君はどう考えているのか」などと聞き返すとよいだろう。もし子どもの現在の能力を超える問題であったら，「私ならこうする」などと助言をすることも有効である。

　子どもたちのなかには「やれません」「できません」と口癖のようにいう者もいるが，その場合は「なぜそう思うの」と一緒に考える姿勢が大切になる。子どもが問題の解決ができない理由には，物事を一面的に捉えていたり，短期的に見ていたりすることによる場合がある。その場合は，教師が多面的な見方や長期的な考え方を提示することで，解決の糸口を見つけることができるようになる。また，子どもたちは一気にすべてを解決しようとして焦って失敗することもある。その場合は，少しずつ変えるように助言すればよいだろう。

❸　よりよい人間関係を維持するための指導法

（1）話を傾聴し，共感する

　学級で子どもたちの人間関係をよりよく維持するためには，お互いの話を傾聴し，共感し合うような信頼関係を築くことが大切である。そのためには，ま

ず教師が子どもと接する際に，できるだけカウンセリング・マインドをもつべきである。そして，子どもの話に共感し，「そうだね」「なるほどね」などと受容的な言葉を用いたり，あいづちを打ったり，復唱や要約をすると効果的である。また，教師が自ら心を開いて自己表現し，信頼されるように振るまう必要もある。子どもは教師をモデルとして自己表現し，自他を尊重するようになる。

（2）集団の規範をつくる

　道徳は学級経営にも大きな影響を及ぼす。学級に道徳的雰囲気をもたらすためには，集団形成の初めにグループの方針やルールを明確にすることが大切である。学級開きの時期に，よいことと悪いことに対する基準を明確に子どもたちに示すのである。もちろん，この基準は子どもにも納得できるものとし，子どもが進んで守れるルールにすることが大切である。また，集団の規範はその時代の文化から逸脱しないことが原則である。次に，教師が基準に合わせて賞賛と叱責を必ず行うようにする。その際には，首尾一貫した信念と毅然とした態度で対応する必要がある。集団の規範はすぐには定着しないが，身につくまで一貫して言いつづける必要があるだろう。

（3）えこひいきしない

　当然のことだが，教師は学級経営においてすべての子どもと公平に接することが原則である。教師が特定の子どもにだけ頻繁に接してしまうと，グループ間の嫉妬の心理（シブリング・ライバルリィ）が働いてしまって，集団の規範が崩れてしまうことがある。教師は私心を捨てて，親象徴性として振るまい，自立する勇気をもつことが大切である。また，子どもたちにも多様な人々と交流するなかで人間性が豊かになることを説くことも有効である。

（4）協調関係を築く

　学級経営では子どもたちの間やグループの間の対立を和らげることが必要となる。そのためには，それぞれのグループで接触し合う機会をつくることが有

第2部 道徳の指導法

効である。例えば，４人組で学び合う学習活動や構成的グループ・エンカウンターを設定することが考えられる。子ども同士を競争させるのではなく，相互に協力し合える関係にすることが大事である。

❹ 子ども一人一人の成長を促す指導法

（1）愛情をもつ

　教育の基本は，子どもに愛情をもつことである。教師が子どもを愛することで，子どもはそれを滋養として成長することができる。愛情に基づく教育が徹底されていれば，子どもとの間に信頼関係を築くこともできるし，根本的な教育目標を見失うこともない。

（2）個性を重視する

　子ども一人一人の個性を尊重することである。道徳教育は子どもに規則や規範を押しつけて，子どもの個性を奪うようなものであってはいけない。むしろ，子どもが道徳的成長を遂げるなかで，個性を輝かせられるような教育をする必要がある。

（3）自発性を促す

　子どもは教師から道徳を強制されれば，そのときは了解したとしても，その後は継続しないものである。子どもが自ら道徳的価値の大切さを納得して，自らの成長のために内在的な意思を喚起して実践してこそ継続するのである。そのためには，教師と子どもが「教えたい，教わりたい」というタイミングで教育実践することが大切である。

（4）直接経験させる

　道徳教育には指導すべき知識や技法がある。それゆえ，教師は抽象的な話ば

174

かりするのではなく，子どもに道徳的行為の手順や方法を教え，実際に自分で
やらせ，勘所をつかませることも大切になる。これをＯＪＴ（オン・ザ・ジョ
ブ・トレーニング）という。子どもたちは道徳を論理で学ぶよりも，現実の道
徳的問題（例えば，友達との喧嘩）が発生した場で，直接に解決法を学んだほ
うが有効である。ここでは，道徳的問題の解決段階をいくつかに分けて，やさ
しいことからむずかしいことへと段階を追うとよい。このような直接経験を通
して成功体験を積むことで，子どもの道徳的実践力は向上していく。

（5）褒める・叱る

　道徳的指導において褒める・叱るは重要である。まず，些細なことでも子ど
ものよい点を褒めることである。また，叱るときは，理由を明確にして指導す
る必要がある。その際，子どもの人格ではなく，行為を叱るように心がけたい。
また，「叱ること」と「怒ること」を混同しないようにすべきである。

　叱る場合は，基本的には１対１で指導し，人前では叱らないように配慮すべ
きである。ただし，学級やほかの子どもたちへの指導も兼ねる場合は，人前で
叱ることも有効である。その場合は，理由を明確にし，端的に短い時間で叱り，
原理原則を一貫させることである。

　叱る際の留意点としては，まず，他人と比較して叱らないこととである。他
人と比較して叱ると劣等感を植えつけることになり，よくなろうとする動機づ
けを弱めてしまう。また，叱った後のフォローを忘れないことである。態度が
変わったり行為が改善されたりしたら積極的に評価し，もし変わらないようで
あれば，反復指導する必要がある。

❺　カウンセリング・スキルを用いた道徳

　わが国では子どもの自己肯定感や自尊感情が低く，自信を失っているという
指摘が多い。その一方で，自己中心的で傍若無人に振るまい，規範意識が低い
という指摘もある。さらに，いじめ，ネット・トラブル，不登校，校内暴力，

第2部　道徳の指導法

学級崩壊，万引き，カンニングなど生徒指導上の問題も山積している。

　現実の問題行動に対応した道徳教育をするためには，カウンセリングの手法が役立つ。実際に欧米では，カウンセラーが道徳教育（人格教育，価値教育）を担当していることがよくある。わが国でも，文部科学省が作成した『心のノート』やそれを改訂した『私たちの道徳』では，心の問題や人間関係の問題を解決するカウンセリングの手法が大いに活用されている。

（1）来談者中心療法の活用

　道徳の指導をする場合，教師は子ども自身の主観的な見方・考え方を受容し，それを共感的に理解し，子どもがよりよく生きようとする意欲や態度を認め励ますことが大切になる。こうした教師と子どもの信頼関係を築き，子どもの意欲・関心・態度を高めるために，ロジャース（Carl R. Rogers）の「来談者中心療法」は役立つだろう。

　従来の道徳授業は，国語科の文章読解のように子どもが読み物教材に登場する人物の心情を共感的に理解して，その言動に含まれる道徳的価値を習得するパターンが多い。こうした道徳性の情緒的側面に重点をおいた指導は，来談者中心療法と類似している。この指導方法では，子どもが他者の心情をあるがままに受容して共感的に理解するなかで，これまでの自分の生き方を内省するとともに，そこに含まれた道徳的価値を理解できるようにする。

　ただし，どれほど他者の心情を共感的に理解できても，それは自分の心情や思考パターンとは異なるため，自己概念の変容につながらず，実際の問題解決や行動や習慣の変容につながらないこともある点に留意したい。

（2）論理療法や認知療法の活用

　道徳を適切に指導するためには，子どもが道徳的問題について主体的に考え判断できるように支援することが大事になる。これはカウンセリングでいえば，論理療法や認知療法の考え方である。

　自分の見方や考え方を見つめ直すことで，非合理的な見方や考え方を修正し，

176

マイナスの感情や行動を改めることができる。ここで大事なのは，ある考え方とその結果として生じた感情や行動の因果関係を明確にし，考え方の歪みやねじれを修正し，悪化した感情や行動の改善につなげることである。

　ここでは道徳に関する問題の原因を追究するとともに，さまざまな解決策を考え，どのような結果になるかも考察することができる。これは道徳科に問題解決的な学習を取り入れることで応用することもできる。

（3）行動療法やスキル・トレーニングの活用

　正しい見方や考え方をするだけでは，行動や習慣につながらないことがある。そこで役立つのが，行為や習慣の改善に直接的に働きかける行動療法やスキル・トレーニングである。例えば，いじめられている友達を助けたいと思っているとき，具体的にどのように助けるべきかを考え，役割演技でそれを実演してみる。そうした道徳的行為に関する「体験的な学習」を通して道徳的な考え方や自己の生き方について考えを深めることができる。

　このように道徳は，カウンセリングの原理やスキル・トレーニングを取り入れることで，子どもが自らの考え方や生き方を深く見つめ直す機会を提供し，行動を変容することに役立てることができる。

　研　究　課　題
　（1）道徳の個別指導と集団指導の違いを述べよ。
　（2）道徳でカウンセリングのスキルをどのように活用できるか。

コラム6　道徳を教えるのか，考え議論するのか

（1）道徳的価値の伝達と創造

　道徳教育は，大人社会を中心とする考え方と子どもを中心とする考え方との間でゆれてきた。一方は，子どもに道徳的価値を教え込もうとし，他方は，子ども自身が考え議論することを推奨してきた。

　こうした歴史的経緯を踏まえて，伊藤啓一は統合的道徳教育論を提唱した。伊藤は統合的道徳教育によって「子どもに道徳的価値を伝達すること」と「子どもの道徳的批判力・創造力を育成すること」の統合を目指した。統合的道徳教育では，授業のタイプをＡ型とＢ型に分ける。Ａ型は，「ねらいとする道徳的価値を教える（内面化する）ことを第一義とする道徳授業」であり，Ｂ型は，「子どもの個性的・主体的な価値表現や価値判断の受容を第一義とする道徳授業」である。

　このＡ型とＢ型の両方を組み合わせてプログラムに構成し，道徳的価値の伝達と創造の統合を図ろうとしている。2回以上の授業をセットにして，統合的に道徳教育を行おうとしているのである。こうした統合的道徳教育のねらいは，子どもの社会化と個性化を統合しようとするものである。

（2）統合的道徳教育に基づく道徳授業

　統合的プログラムの構成は，基本的には次のようになる。統合的道徳教育は，完結するためには最低2時限必要であるが，同じテーマの道徳授業を2時限連続（90分〜100分）で行うのではなく，2週間連続で行うことになる。

　わが国の実際の道徳授業では，導入部でステップ1を行い，展開部の前半でステップ2を行い，余裕があれば，展開部の後半でステップ3や4を行うパターンが多い。この場合，内容が盛りだくさんなので，たしかに授業の進行が忙

しく，道徳的価値を深めることができなかったり，ステップ3や4を省略して
しまったりすることも多い。そのため，例えば「生命の尊重」のような重要な
テーマの場合は，ステップ3や4を次週以降に回すことも考えられるだろう。

ステップ1
全員が参加できる授業を計画し，プログラムテーマに関する子どもたちの
価値観を明確にしつつ，動機づけを図る。（B型の授業）

ステップ2
このステップでは，子どもの価値観や実態を踏まえ，プログラムのテーマ
にかかわる価値を教える。（A型の授業）

ステップ3
ステップ2で教えた価値をゆさぶる授業構成を考える。つまり，前回に学
習した価値と葛藤する場面を設定したり，その価値観からだけでは容易に
解決できない問題状況を投げかけたりする。（B型の授業）

ステップ4
ステップ2より広い視点から，またはもう一段深まった観点からテーマに
関する価値を扱い自覚を深める。（より専門的な情報提供を目的とするA型
の授業）

　ただし，統合的道徳教育は，理念上では「統合的」と銘打っているものの，
実際の授業レベルでは，「道徳的価値を伝達する授業」と「道徳的批判力・創
造力を育成する授業」とを別々に行っているに過ぎないため，思考レベルで道
徳的価値の伝達と創造が統合されるかどうかは疑問である。また，A型とB型
で指導法が異なるため，子どもたちは道徳的価値を教わるのか創造するのかで
混乱してしまうことがよくある。
　このことが，A型とB型をほんとうの意味で統合した「考え議論する道徳」
が求められた理由である。

第2部

第9章 道徳の評価

❶ 道徳の評価の基本方針

　道徳科として新たに位置づけられたことにより，道徳科の目標や指導と一体化した評価を適切に行うことが求められる。道徳科の評価は，個々の子どもたちの道徳性に係る成長を促すとともに，学校における指導の改善を図ることを目的としている。つまり，子どもの側から見ると，自らの成長を実感し，よりよく生きようとする意欲の向上につなげていくための手がかりとなるものが評価である。もう一方で，教師の側からみると，自らの授業の目標（ねらい）や計画（学習指導過程），そして指導方法を改善・充実するための判断材料となるものが評価である。

　道徳科の改善・充実を目指すためには，目標と指導と評価を適切に関連づけ，計画・実践・検証（評価）・改善という一連のPDCAサイクルに対応させることが重要になる。そこではまず，学校における道徳教育の目標や学習指導要領にある道徳科の目標に基づいて個々の道徳授業を計画する（Plan）。次に，こうした計画に基づく指導案に即して実際に道徳授業を実践する（Do）。第3に，指導のねらいや内容に照らして，学習状況や指導を通じて表れる子どもの道徳性に係る成長の様子を把握して評価する（Check）。最後に，その結果を踏まえて，道徳科の取り組みや教師の指導法を改善する（Action）。

　こうした道徳科のPDCAサイクルのなかで，評価が今後ますます重視される。これまでも道徳教育や「道徳の時間」に関して，子どもの道徳性に関する評価を行う必要はあった。しかし，その場合は指導要録上の「行動の記録」に部分的に反映させるだけであった。特に，「道徳の時間」の評価に関しては，指導

第9章　道徳の評価

要録に固有の記録欄が設定されていなかったこともあり，十分な評価活動が行われず，道徳の授業自体を軽視する一因ともなった。

　こうした状況を改めるため，学習指導要領では「児童生徒の学習状況や道徳性に係る成長の様子」を把握するための評価が道徳科において重視され，指導要録に道徳科用の記録欄を設定することになった。

❷　道徳科の評価における留意事項

　道徳科で子どもの道徳性に係る成長の様子を評価する際は，多様な子どもたちがいることを前提にして，子ども一人一人の人格全体を尊重し，個人内の成長の過程を重視することが大事になる。そのため，各教科のように観点別で数値による評価を客観的に示すのではなく，個人内の成長を肯定的に捉えた評価を記述式で示すことが求められている。

　道徳科では，子ども一人一人の道徳性が授業を通じていかに成長・発達したかを積極的に受けとめることになる。それゆえ，子どもが授業を通していかに成長したかを積極的に受けとめ，励まし，勇気づけるような個人内評価とすることが重要になる。例えば，「相手の気持ちをよく考え，思いやりのある言動ができるようになった」と，その子どもの言動を評価する。

　道徳科では，各授業で取り上げた内容項目一つ一つを評価するのではない。学期や学年を通して取り扱った内容項目全体に対して，大きなまとまりを踏まえた評価とすることが大事になる。そこでは，「正義」や「思いやり」を個々に内容項目ごとに評価するのではなく，他者との関係や集団とのかかわりとして大くくりに捉え，継続的かつ総合的に評価することになる。例えば，集団のなかで自己の考えを適切に発表したり，他者の意見に共感したりして考えを深めることができるようになった点を評価する。

　道徳科では，子どもが学習を通じて自らの成長を実感し，今後も意欲的に取り組もうとする評価をすることが大事である。子どもの道徳性を否定的に捉えて学習意欲をくじくのではなく，子どもの努力や成長を肯定的に捉えて学習意

181

第2部　道徳の指導法

欲を高めるようにする。例えば，自分の長所を見いだし，それを伸ばそうと意欲的に学習に取り組むようになった点を評価する。

　こうした肯定的な評価をするためには，道徳科の授業において教師は子どもと信頼関係を築き，人格的なふれあいによって共感的な理解をするようにする。そのうえで，教師は子どもの発言や記述から子どもの成長を見守り，努力を認めたり励ましたりして，子どもが自らの成長を実感することができるようにする。子どもは自らの努力や成長を教師に認められることで，より意欲的に道徳授業に取り組もうとするようになる。

❸　評価のポイント

　道徳科の指導要録には，子どもの学習状況や道徳性に係る成長の様子を見取り，記述することになる。ここには学校の実態や子どもの実態に応じて，指導方法の工夫とあわせて子どもの様子を適切に記述する必要がある。

　道徳科では，上述したように観点別評価やほかの子どもとの比較による評価ではなく，個人内評価として見取ったことを記述式で評価することになる。また，個々の内容項目ごとではなく，大くくりなまとまりを踏まえることになる。評価の見方としては，例えば，道徳科の学習を通じて，①「多面的・多角的な見方へと発展させているかどうか」，②「道徳的価値を自分自身とのかかわりのなかで深めているかどうか」などに注目することになる。

　まず，「子どもが一面的な見方から多面的・多角的な見方へと発展させているかどうか」という点が大事になる。例えば，①道徳的な問題に対する判断の根拠やそのときの心情をさまざまな視点から捉え考えようとしていることや，②自分と違う意見や立場を理解しようとしていること，③複数の道徳的価値の対立が生じる場面において取りうる行動を多面的・多角的に考えようとしていることを発言や感想文や質問紙の記述などから見取るという方法が考えられる。例えば，自分の意見にばかり固執せず，友達の意見を取り入れながら，いろいろな関係者の心情や事情に配慮できるようになった点を評価する。

182

第9章　道徳の評価

　次に、「道徳的価値の理解を自分自身とのかかわりのなかで深めているかどうか」という点に注目することになる。例えば、①読み物教材の登場人物を自分におきかえて考え、自分なりに具体的にイメージして理解しようとしていることに着目したり、②自らの生活や考えを見直していることがうかがえる部分に着目したりするという視点も考えられる。例えば、登場人物の心情を理解するだけでなく、「自分が登場人物ならどうするか」を切実に考えられるようになった点を評価する。

　また、「道徳的な問題に対して自己の取りうる行動を他者と議論するなかで、道徳的価値の理解をさらに深めているか」に注目する。例えば、「自由な行為は自分勝手に行動することではなく、自他を尊重しながら行動することであることに気づいた」という点を評価する。

　道徳的価値を実現することのむずかしさを自分のこととして捉え、考えようとしているかという視点も考えられる。例えば、他者の過ちを注意する場合に、実践のむずかしさを理解しながらも、具体的な配慮や声のかけ方まで考えることができた点を評価する。

　さらに、発言が多くない子どもや考えたことを文章に記述することが苦手な子どもが、教師の話やほかの子どもの話に聞き入り、考えを深めようとしている姿に着目することなども重要な視点となる。授業中の発言や記述ではない形でも、道徳的問題を積極的に考え話し合う姿など、子どもたちの学ぶ姿に多面的に着目するということも重要である。

　基本的には、指導する教師一人一人が、質の高い多様な指導方法へと指導の改善を行い、子どもの学習意欲が向上するように生かすことが大事になる。画一的な評価ではなく、学校の状況や子ども一人一人の状況を踏まえて総合的な評価を創意工夫することが求められる。

❹　道徳の内容項目と評価の関係

　道徳科の内容項目は、子どもの発達段階や子どもを取り巻く状況などを考慮

183

第2部　道徳の指導法

して，自己の生き方を考え，よりよく生きる力を育むうえで重要と考えられる道徳的価値を含む内容を平易に表現したものである。

　これらの内容項目は，教師と子どもが人間としてのよりよい生き方を求め，共に考え議論し，それを実行しようとする意欲や態度を養うための共通の課題である。また，学校の教育活動全体においてさまざまな場や機会を捉え，多様な方法によって進められる学習を通して，子どもが自らよりよく生きようとする力の礎となる道徳性を養うためのものである。

　ただし，それぞれの内容項目は道徳の指導にあたって取り扱うべき内容であって，それ自体が目標とする子どもの姿を表すものではない。それゆえ，子どもに対して一方的に道徳科の内容項目を教え込むような指導をするべきではない。道徳の指導にあたっては，内容項目に含まれる道徳的価値について，一般的な意味をただ理解させるだけではない。子どもの発達段階を踏まえて，その意義や具現化した行動などについて，自己とのかかわりや社会的な背景なども含め，多面的・多角的な視点から考えさせることにより，総合的に道徳性を育むよう努める必要がある。

　道徳科の内容項目は，あくまでも子どもの道徳性を養うための手がかりとなるものであって，子どもの道徳性それ自体を意味するものではない。学習指導要領では，道徳科の目標は「よりよく生きるための基盤となる道徳性を養う」ことであり，評価の対象は「学習状況及び道徳性に係る成長の様子」である。それゆえ，道徳科の内容項目それ自体が評価の対象となることはないのである。

　さらに，道徳科の個別の内容項目を評価することはしないので，例えば，「思いやり」や「正義」「愛国心」などを個別に評価することもないことになる。道徳科の評価は，道徳科の授業のなかで道徳的な問題を自分のこととして考えたり，他人の考えなどをしっかり受けとめたりしているという成長の様子を丁寧に見取って行うのであり，子どもを励まし，伸ばすような積極的な評価を記述式で行うことになる。

184

第9章　道徳の評価

❺　道徳科の評価の観点

（1）「主体的・対話的で深い学び」との関連性

　道徳科では「考え議論する道徳」へと質的転換を図り，「主体的・対話的で深い学び」の実現を目指す全体改訂を先取りすることになる。この「主体的な学び」「対話的な学び」「深い学び」の視点が学習評価と関連してくることになる。

　まず，「主体的な学び」の視点からは，子どもが問題意識をもち，自己を見つめ，道徳的価値を自分自身とのかかわりで捉え，自己の生き方について考える学習をすることである。また，各教科で学んだこと，体験したことから道徳的価値に関して考えたことや感じたことを統合させて自ら道徳性を養い，自らを振り返って成長を実感したり，これからの課題や目標を見つけたりすることができるよう工夫する。こうした子どもの主体的な道徳学習の活動それ自体を評価することになる。

　次に，「対話的な学び」の視点からは，子ども同士の協働，教員や地域の人との対話，先哲の考え方を手がかりに考えたり，自分と異なる意見と向き合い議論することなどを通じ，自分自身の道徳的価値の理解を深めたり広げたりすることが求められる。子ども同士で話し合う問題解決的な学習を行う場合，そこで何らかの合意を形成することが目的ではない。そうした学習を通して，道徳的価値を自分のこととして捉え，多面的・多角的に考えること，将来，道徳的な選択や判断が求められる問題に対峙したときに，自分や他者にとってよりよい選択や判断ができるような資質・能力を育てることにつなげることが重要なのである。このように子どもたちが対話的な学びにおいて，考えを広げたり深めたりする過程を評価することになる。

　第3に，「深い学び」の視点からは，道徳的諸価値の理解をもとに，自己を見つめ，物事を多面的・多角的に考え，自己の生き方について考える学習を通

185

第２部　道徳の指導法

して，さまざまな場面や状況において，道徳的価値を実現するためには，問題状況を把握し，適切な行為を主体的に選択し，実践できるような資質・能力を育てる学習にすることが求められる。このように子どもが問題の発見（把握）や解決を通して考えを深めていく過程を評価することができる。

こうした評価をするためには，単に読み物教材の登場人物の心情理解のみで終わったり，単なる生活体験の話し合いや，望ましいとわかっていることを言わせたり書かせたりする指導とならないよう留意することが大事になる。特に重要なのは，道徳的な問題を自分のこととして捉えて議論したり探究したりする過程を重視し，道徳的価値にかかわる自分の考え方，感じ方をより深める様子を肯定的に見て取ることである。

（2）資質・能力の３つの柱との関連性

学習指導要領全体において，各教科などで育成する資質・能力が３つの柱（①知識・技能，②思考力・判断力・表現力等，③学びに向かう力・人間性等）で整理されている。それに対応して，各教科の学習評価も，この資質・能力の３つの柱に基づき構造化された各教科の目標・指導内容を踏まえて行うことになる。道徳科で育成する子どもの道徳性を，各教科のように資質・能力の３つの柱で単純に分節することはできないが，それに対応した整理はできる。

第１の「知識・技能」は，具体的には「何を理解しているか，何ができるか」である。これを道徳科の目標と関連づけると，次の下線部が該当する。「よりよく生きるための基盤となる道徳性を養うため，道徳的諸価値についての理解を基に，自己を見つめ，物事を（広い視野から）多面的・多角的に考え，自己（人間として）の生き方について考えを深める」。ここでいう「道徳的諸価値についての理解」が，「知識・技能」に対応することになり，内容項目とも関連している。

第２に，「思考力・判断力・表現力等」であり，具体的には「理解していること・できることをどう使うか」である。これを道徳科の目標と関連づけると，次の下線部が該当する。「よりよく生きるための基盤となる道徳性を養うため，

第9章　道徳の評価

道徳的諸価値についての理解を基に，自己を見つめ，物事を（広い視野から）多面的・多角的に考え，自己（人間として）の生き方についての考えを深める」。このように多面的・多角的に考える学習活動や自己（人間として）の生き方について考えを深める学習活動が，子どもの「思考・判断・表現」に対応することになる。

　第3に，「学びに向かう力，人間性等」とは，具体的には「どのように社会・世界とかかわり，よりよい人生を送るか」である。これを道徳科の目標と関連づけると，次の下線部が該当する。「よりよく生きるための基盤となる道徳性を養うため，道徳的諸価値についての理解を基に，自己を見つめ，物事を（広い視野から）多面的・多角的に考え，自己（人間として）の生き方についての考えを深める」。このように「よりよく生きる」という前提や，「自己を見つめ」，「自己（人間として）の生き方について考えを深める」学習活動が，「学びに向かう力・人間性等」に対応することになる。

　特に，道徳性の育成は，第3の柱となる「学びに向かう力，人間性等」と深くかかわっている。ただし，この「学びに向かう力，人間性等」は，①「主体的に学習に取り組む態度」として観点別評価（学習状況を分析的に捉え評価する）を通じて見取ることができる部分と，②観点別評価や評定になじまず，こうした評価では示しきれないことから，個人内評価（一人一人のよい点や可能性，進歩の状況について評価する）を通じて見取る部分がある。

　その際，「学びに向かう力・人間性等」に示された資質・能力には，「感性」（道徳的心情）や「思いやり」などの道徳的価値が幅広く含まれているため，観点別学習状況の評価の対象からははずすことになる。

（3）評価の観点に関する留意点

　道徳科は，学校教育における道徳教育の要として道徳教育の目標を達成するために，学校や子どもの実態に応じて，これからの時代を生きる子どもたちに育成すべき資質・能力を確実に身につけることができるようにすることが求められる。その際，小・中学校学習指導要領第3章の「児童（生徒）の学習状況

187

第2部　道徳の指導法

や道徳性に係る成長の様子を継続的に把握し，指導に生かすよう努める必要がある。ただし，数値などによる評価は行わないものとする」との規定を踏まえる必要がある。また，資質・能力の3つの柱の観点と，道徳科で育成すべき道徳性との関連性を踏まえ，いくつかの留意点がある。

　まず，道徳科で育むべき資質・能力を，各教科における資質・能力のように3つの柱で分けて，観点別評価（学習状況を分析的に捉える評価）をすることはできない。また，道徳科で育成すべき道徳性の諸様相（道徳的判断力，心情，実践意欲と態度のそれぞれ）を分節して観点別評価をすることもできない。こうした「資質・能力の3つの柱」や道徳性の諸様相を分節して分析しようとすることは，子どもの人格そのものを分析して評価することにつながるため，妥当ではないことになる。

　道徳科の評価については，道徳科の目標を踏まえて子どもたちの学習活動それ自体を評価することになる。具体的には，道徳科の目標に示された「道徳的諸価値についての理解をもとに，自己を見つめ，物事を（広い視野から）多面的・多角的に考え，自己（人間として）の生き方についての考えを深める」という学習活動自体を評価する。特に，子どもの具体的な取組み状況を，一定のまとまりのなかで，学習の見通しを立てたり学習したことを振り返ったりする活動を見取ることになる。道徳教育の質的転換を図るという今回の道徳の特別教科化の趣旨を踏まえ，道徳科の学習活動において，例えば次の2点を評価することが重要になる。①他者の考え方や議論にふれ，自律的に思考するなかで，一面的な見方から多面的・多角的な見方へと発展しているか。②多面的・多角的な思考のなかで，道徳的価値の理解を自分自身とのかかわりのなかで深めているか。

❻　学校の教育活動全体を通じて行う道徳教育の評価

　学校の教育活動全体を通じて行う道徳教育で養われる道徳性を評価することについては，小・中学校の学習指導要領総則の「児童（生徒）のよい点や進歩

第9章 道徳の評価

の状況などを積極的に評価するとともに，指導の過程や成果を評価し，指導の改善を行い学習意欲の向上に生かすようにすること」との規定を踏まえる。

こうした道徳教育全体の評価に関しては，指導要録上「各教科，道徳，外国語活動，総合的な学習の時間，特別活動やその他学校教育全体にわたって認められる」子どもの具体的な行動に関する「行動の記録」の1つの要素として位置づけられる。

なお，各教科や総合的な学習の時間に関する所見，特別活動に関する事実および所見，行動に関する所見，子ども個々の特徴・特技，部活動，学校内外におけるボランティア活動など社会奉仕体験活動，表彰を受けた行動や活動，学力について標準化された検査の結果など指導上参考となる諸事項，子どもの成長の状況にかかわる総合的な所見などを記入する「総合所見及び指導上参考となる諸事項」もある。これらについては，「小学校，中学校，高等学校及び特別支援学校等における児童生徒の学習評価及び指導要録の改善等について（通知）」において，以下のように示された。「児童生徒の優れている点や長所，進歩の状況などを取り上げることに留意する。ただし，児童生徒の努力を要する点などについても，その後の指導において特に配慮を要するものがあれば記入する」。以上の点を踏まえて道徳教育と関連づけて有効に取り扱うことが望まれる。

参考文献

Kohlberg,L.（1984）. *The Psychology of Moral Development, Essays on Moral Development vol.2*, New York: Harper and Row, 7-10. コールバーグ，L.，レバイン ,C.，ヒューアー，A.（著）. 片瀬一男・高橋征仁（訳）.（1992）. 道徳性の発達段階. 新曜社.

Selman, R.（1976）. Social-cognitive understanding. In Lickona,T.（Eds）. *Moral development and behavior*, New York: Halt.

荒木紀幸編.（1993）. 道徳性の特性と評価を生かした新道徳教育. 明治図書.

伊藤啓一.（1991）. 統合的道徳教育の創造—現代アメリカの道徳教育に学ぶ—. 明治図書.

井上治郎.（1991）. 道徳授業から道徳学習へ. 明治図書.

ウィルソン，J.（監修）. 押谷由夫・伴恒信（編訳）.（2002）. 世界の道徳教育. 玉川大学出版部.

金井肇.（1996）. 道徳授業の基本構造理論. 明治図書.

国立教育政策研究所.（2002）. 道徳・特別活動カリキュラムの改善に関する研究.

小寺正一・藤永芳純（編）.（1997）. 道徳教育を学ぶ人のために. 世界思想社.

新宮弘識（編著）.（1988）. 道徳 生き生きとした授業を創る. 国土社.

林忠幸（編著）.（2002）. 新世紀・道徳教育の創造. 東信堂.

林泰成.（2009）. 新訂 道徳教育論. 放送大学教育振興会.

廣瀬久.（1999）. 発問の工夫. 明治図書.

武藤孝典（編著）.（2002）. 人格・価値教育の新しい発展. 学文社.

村田昇（編著）.（2003）. 道徳の指導法. 玉川大学出版部.

諸富祥彦（編著）.（2005）. 道徳授業の新しいアプローチ 10. 明治図書.

柳沼良太.（2006）. 問題解決型の道徳授業－プラグマティック・アプローチ－. 明治図書.

柳沼良太.（2012）.「生きる力」を育む道徳教育. 慶應義塾大学出版会.

柳沼良太.（2015）. 実効性のある道徳教育. 教育出版.

谷田貝公昭・林邦雄・成田国英（編）.（2002）. 道徳教育の研究. 一藝社.

山口理.（1991）. 道徳 生きた資料の活用. 国土社.

山崎英則・西村正登（編著）.（2001）. 道徳と心の教育. ミネルヴァ書房.

山崎英則（編著）.（2004）. 新・道徳教育論. ミネルヴァ書房.

ライマー，J.，パオリット，D.P.，ハーシュ，R.H.（著）. 荒木紀幸（監訳）.（2004）. 道徳性を発達させる授業のコツ. 北大路書房.

ラス，L. E.，ハーミン，M.，サイモン，S. B.（著）遠藤昭彦（監訳）.（1991）. 道徳教育の革新. ぎょうせい.

附録

教育基本法（旧法）
昭和二十二年三月三十一日
法律第二十五号

われらは，さきに，日本国憲法を確定し，民主的で文化的な国家を建設して，世界の平和と人類の福祉に貢献しようとする決意を示した。この理想の実現は，根本において教育の力にまつべきものである。

われらは，個人の尊厳を重んじ，真理と平和を希求する人間の育成を期するとともに，普遍的にしてしかも個性ゆたかな文化の創造をめざす教育を普及徹底しなければならない。

ここに，日本国憲法の精神に則り，教育の目的を明示して，新しい日本の教育の基本を確立するため，この法律を制定する。

第一条（教育の目的）　教育は，人格の完成をめざし，平和的な国家及び社会の形成者として，真理と正義を愛し，個人の価値をたつとび，勤労と責任を重んじ，自主的精神に充ちた心身ともに健康な国民の育成を期して行われなければならない。

第二条（教育の方針）　教育の目的は，あらゆる機会に，あらゆる場所において実現されなければならない。この目的を達成するためには，学問の自由を尊重し，実際生活に即し，自発的精神を養い，自他の敬愛と協力によつて，文化の創造と発展に貢献するように努めなければならない。

第三条（教育の機会均等）　すべて国民は，ひとしく，その能力に応ずる教育を受ける機会を与えられなければならないものであつて，人種，信条，性別，社会的身分，経済的地位又は門地によつて，教育上差別されない。

②　国及び地方公共団体は，能力があるにもかかわらず，経済的理由によつて修学困難な者に対して，奨学の方法を講じなければならない。

第四条（義務教育）　国民は，その保護する子女に，九年の普通教育を受けさせる義務を負う。国又は地方公共団体の設置する学校における義務教育については，授業料は，これを徴収しない。

第五条（男女共学）　男女は，互に敬重し，協力し合わなければならないものであつて，教育上男女の共学は，認められなければならない。

第六条（学校教育）　法律に定める学校は，公の性質をもつものであつて，国又は地方公共団体の外，法律に定める法人のみが，これを設置することができる。法律に定める学校の教員は，全体の奉仕者であつて，自己の使命を自覚し，その職責の遂行に努めなければならない。このためには，教員の身分は，尊重され，その待遇の適正が，期せられなければならない。

第七条（社会教育）　家庭教育及び勤労の場所その他社会において行われる教育は，国及び地方公共団体によつて奨励されなければならない。国及び地方公共団体は，図書館，博物館，公民館等の施設の設置，学校の施設の利用その他適当な方法によつて教育の目的の実現に努めなければならない。

第八条（政治教育）　良識ある公民たるに必要な政治的教養は，教育上これを尊重しなければならない。法律に定める学校は，特定の政党を支持し，又はこれに反対するための政治教育その他政治的活動をしてはならない。

第九条（宗教教育）　宗教に関する寛容の態度及び宗教の社会生活における地位は，教育上これを尊重しなければならない。国及び地方公共団体が設置する学校は，特定

191

の宗教のための宗教教育その他宗教的活動をしてはならない。

第十条（教育行政）　教育は，不当な支配に服することなく，国民全体に対し直接に責任を負つて行われるべきものである。教育行政は，この自覚のもとに，教育の目的を遂行するに必要な諸条件の整備確立を目標として行われなければならない。

第十一条（補則）　この法律に掲げる諸条項を実施するために必要がある場合には，適当な法令が制定されなければならない。

**教育基本法（現行法）
平成十八年十二月二十二日
法律第百二十号**

我々日本国民は，たゆまぬ努力によって築いてきた民主的で文化的な国家を更に発展させるとともに，世界の平和と人類の福祉の向上に貢献することを願うものである。

我々は，この理想を実現するため，個人の尊厳を重んじ，真理と正義を希求し，公共の精神を尊び，豊かな人間性と創造性を備えた人間の育成を期するとともに，伝統を継承し，新しい文化の創造を目指す教育を推進する。

ここに，我々は，日本国憲法の精神にのっとり，我が国の未来を切り拓く教育の基本を確立し，その振興を図るため，この法律を制定する。

第一章　教育の目的及び理念

（教育の目的）

第一条　教育は，人格の完成を目指し，平和で民主的な国家及び社会の形成者として必要な資質を備えた心身ともに健康な国民の育成を期して行われなければならない。

（教育の目標）

第二条　教育は，その目的を実現するため，学問の自由を尊重しつつ，次に掲げる目標を達成するよう行われるものとする。

一　幅広い知識と教養を身に付け，真理を求める態度を養い，豊かな情操と道徳心を培うとともに，健やかな身体を養うこと。

二　個人の価値を尊重して，その能力を伸ばし，創造性を培い，自主及び自律の精神を養うとともに，職業及び生活との関連を重視し，勤労を重んずる態度を養うこと。

三　正義と責任，男女の平等，自他の敬愛と協力を重んずるとともに，公共の精神に基づき，主体的に社会の形成に参画し，その発展に寄与する態度を養うこと。

四　生命を尊び，自然を大切にし，環境の保全に寄与する態度を養うこと。

五　伝統と文化を尊重し，それらをはぐくんできた我が国と郷土を愛するとともに，他国を尊重し，国際社会の平和と発展に寄与する態度を養うこと。

（生涯学習の理念）

第三条　国民一人一人が，自己の人格を磨き，豊かな人生を送ることができるよう，その生涯にわたって，あらゆる機会に，あらゆる場所において学習することができ，その成果を適切に生かすことのできる社会の実現が図られなければならない。

（教育の機会均等）

第四条　すべて国民は，ひとしく，その能力に応じた教育を受ける機会を与えられなければならず，人種，信条，性別，社会的身分，経済的地位又は門地によって，教育上差別されない。

2　国及び地方公共団体は，障害のある者が，その障害の状態に応じ，十分な教育を受けられるよう，教育上必要な支援を講じなければならない。

3　国及び地方公共団体は，能力があるに

附録

もかかわらず，経済的理由によって修学が困難な者に対して，奨学の措置を講じなければならない。

第二章　教育の実施に関する基本

（義務教育）

第五条　国民は，その保護する子に，別に法律で定めるところにより，普通教育を受けさせる義務を負う。

2　義務教育として行われる普通教育は，各個人の有する能力を伸ばしつつ社会において自立的に生きる基礎を培い，また，国家及び社会の形成者として必要とされる基本的な資質を養うことを目的として行われるものとする。

3　国及び地方公共団体は，義務教育の機会を保障し，その水準を確保するため，適切な役割分担及び相互の協力の下，その実施に責任を負う。

4　国又は地方公共団体の設置する学校における義務教育については，授業料を徴収しない。

（学校教育）

第六条　法律に定める学校は，公の性質を有するものであって，国，地方公共団体及び法律に定める法人のみが，これを設置することができる。

2　前項の学校においては，教育の目標が達成されるよう，教育を受ける者の心身の発達に応じて，体系的な教育が組織的に行われなければならない。この場合において，教育を受ける者が，学校生活を営む上で必要な規律を重んずるとともに，自ら進んで学習に取り組む意欲を高めることを重視して行われなければならない。

（大学）

第七条　大学は，学術の中心として，高い教養と専門的能力を培うとともに，深く真理を探究して新たな知見を創造して，これら

の成果を広く社会に提供することにより，社会の発展に寄与するものとする。

2　大学については，自主性，自律性その他の大学における教育及び研究の特性が尊重されなければならない。

（私立学校）

第八条　私立学校の有する公の性質及び学校教育において果たす重要な役割にかんがみ，国及び地方公共団体は，その自主性を尊重しつつ，助成その他の適当な方法によって私立学校教育の振興に努めなければならない。

（教員）

第九条　法律に定める学校の教員は，自己の崇高な使命を深く自覚し，絶えず研究と修養に励み，その職責の遂行に努めなければならない。

2　前項の教員については，その使命と職責の重要性にかんがみ，その身分は尊重され，待遇の適正が期せられるとともに，養成と研修の充実が図られなければならない。

（家庭教育）

第十条　父母その他の保護者は，子の教育について第一義的責任を有するものであって，生活のために必要な習慣を身に付けさせるとともに，自立心を育成し，心身の調和のとれた発達を図るよう努めるものとする。

2　国及び地方公共団体は，家庭教育の自主性を尊重しつつ，保護者に対する学習の機会及び情報の提供その他の家庭教育を支援するために必要な施策を講ずるよう努めなければならない。

（幼児期の教育）

第十一条　幼児期の教育は，生涯にわたる人格形成の基礎を培う重要なものであることにかんがみ，国及び地方公共団体は，幼

193

児の健やかな成長に資する良好な環境の整備その他適当な方法によって，その振興に努めなければならない。

（社会教育）

第十二条　個人の要望や社会の要請にこたえ，社会において行われる教育は，国及び地方公共団体によって奨励されなければならない。

2　国及び地方公共団体は，図書館，博物館，公民館その他の社会教育施設の設置，学校の施設の利用，学習の機会及び情報の提供その他の適当な方法によって社会教育の振興に努めなければならない。

（学校，家庭及び地域住民等の相互の連携協力）

第十三条　学校，家庭及び地域住民その他の関係者は，教育におけるそれぞれの役割と責任を自覚するとともに，相互の連携及び協力に努めるものとする。

（政治教育）

第十四条　良識ある公民として必要な政治的教養は，教育上尊重されなければならない。

2　法律に定める学校は，特定の政党を支持し，又はこれに反対するための政治教育その他政治的活動をしてはならない。

（宗教教育）

第十五条　宗教に関する寛容の態度，宗教に関する一般的な教養及び宗教の社会生活における地位は，教育上尊重されなければならない。

2　国及び地方公共団体が設置する学校は，特定の宗教のための宗教教育その他宗教的活動をしてはならない。

第三章　教育行政

（教育行政）

第十六条　教育は，不当な支配に服することなく，この法律及び他の法律の定めるところにより行われるべきものであり，教育行政は，国と地方公共団体との適切な役割分担及び相互の協力の下，公正かつ適正に行われなければならない。

2　国は，全国的な教育の機会均等と教育水準の維持向上を図るため，教育に関する施策を総合的に策定し，実施しなければならない。

3　地方公共団体は，その地域における教育の振興を図るため，その実情に応じた教育に関する施策を策定し，実施しなければならない。

4　国及び地方公共団体は，教育が円滑かつ継続的に実施されるよう，必要な財政上の措置を講じなければならない。

（教育振興基本計画）

第十七条　政府は，教育の振興に関する施策の総合的かつ計画的な推進を図るため，教育の振興に関する施策についての基本的な方針及び講ずべき施策その他必要な事項について，基本的な計画を定め，これを国会に報告するとともに，公表しなければならない。

2　地方公共団体は，前項の計画を参酌し，その地域の実情に応じ，当該地方公共団体における教育の振興のための施策に関する基本的な計画を定めるよう努めなければならない。

第四章　法令の制定

第十八条　この法律に規定する諸条項を実施するため，必要な法令が制定されなければならない。

小学校学習指導要領（抜粋）
平成二十九年三月公示

第1章　総則

附録

第1 小学校教育の基本と教育課程の役割
（中略）
2　学校の教育活動を進めるに当たっては，各学校において，第3の1に示す主体的・対話的で深い学びの実現に向けた授業改善を通して，創意工夫を生かした特色ある教育活動を展開する中で，次の（1）から（3）までに掲げる事項の実現を図り，児童に生きる力を育むことを目指すものとする。

（中略）

（2）　道徳教育や体験活動，多様な表現や鑑賞の活動等を通して，豊かな心や創造性の涵養を目指した教育の充実に努めること。学校における道徳教育は，特別の教科である道徳（以下「道徳科」という。）を要として学校の教育活動全体を通じて行うものであり，道徳科はもとより，各教科，外国語活動，総合的な学習の時間及び特別活動のそれぞれの特質に応じて，児童の発達の段階を考慮して，適切な指導を行うこと。

　道徳教育は，教育基本法及び学校教育法に定められた教育の根本精神に基づき，自己の生き方を考え，主体的な判断の下に行動し，自立した人間として他者と共によりよく生きるための基盤となる道徳性を養うことを目標とすること。

　道徳教育を進めるに当たっては，人間尊重の精神と生命に対する畏敬の念を家庭，学校，その他社会における具体的な生活の中に生かし，豊かな心をもち，伝統と文化を尊重し，それらを育んできた我が国と郷土を愛し，個性豊かな文化の創造を図るとともに，平和で民主的な国家及び社会の形成者として，公共の精神を尊び，社会及び国家の発展に努め，他国を尊重し，国際社会の平和と発展や環境の保全に貢献し未来を拓く主体性のある日本人の育成に資することとなるよう特に留意すること。

（中略）

第6　道徳教育に関する配慮事項
　道徳教育を進めるに当たっては，道徳教育の特質を踏まえ，前項までに示す事項に加え，次の事項に配慮するものとする。
1　各学校においては，第1の2の（2）に示す道徳教育の目標を踏まえ，道徳教育の全体計画を作成し，校長の方針の下に，道徳教育の推進を主に担当する教師（以下「道徳教育推進教師」という。）を中心に，全教師が協力して道徳教育を展開すること。なお，道徳教育の全体計画の作成に当たっては，児童や学校，地域の実態を考慮して，学校の道徳教育の重点目標を設定するとともに，道徳科の指導方針，第3章特別の教科道徳の第2に示す内容との関連を踏まえた各教科，外国語活動，総合的な学習の時間及び特別活動における指導の内容及び時期並びに家庭や地域社会との連携の方法を示すこと。
2　各学校においては，児童の発達の段階や特性等を踏まえ，指導内容の重点化を図ること。その際，各学年を通じて，自立心や自律性，生命を尊重する心や他者を思いやる心を育てることに留意すること。また，各学年段階においては，次の事項に留意すること。
（1）　第1学年及び第2学年においては，挨拶などの基本的な生活習慣を身に付けること，善悪を判断し，してはならないことをしないこと，社会生活上のきまりを守ること。
（2）　第3学年及び第4学年においては，善悪を判断し，正しいと判断したことを行うこと，身近な人々と協力し助け合うこと，集団や社会のきまりを守ること。

195

(3) 第5学年及び第6学年においては，相手の考え方や立場を理解して支え合うこと，法やきまりの意義を理解して進んで守ること，集団生活の充実に努めること，伝統と文化を尊重し，それらを育んできた我が国と郷土を愛するとともに，他国を尊重すること。

3 学校や学級内の人間関係や環境を整えるとともに，集団宿泊活動やボランティア活動，自然体験活動，地域の行事への参加などの豊かな体験を充実すること。また，道徳教育の指導内容が，児童の日常生活に生かされるようにすること。その際，いじめの防止や安全の確保等にも資することとなるよう留意すること。

4 学校の道徳教育の全体計画や道徳教育に関する諸活動などの情報を積極的に公表したり，道徳教育の充実のために家庭や地域の人々の積極的な参加や協力を得たりするなど，家庭や地域社会との共通理解を深め，相互の連携を図ること。

(中略)

第3章 特別の教科道徳

第1 目標

　第1章総則の第1の2の(2)に示す道徳教育の目標に基づき，よりよく生きるための基盤となる道徳性を養うため，道徳的諸価値についての理解を基に，自己を見つめ，物事を多面的・多角的に考え，自己の生き方についての考えを深める学習を通して，道徳的な判断力，心情，実践意欲と態度を育てる。

第2 内容

　学校の教育活動全体を通じて行う道徳教育の要である道徳科においては，以下に示す項目について扱う。

A 主として自分自身に関すること

[善悪の判断，自律，自由と責任]

〔第1学年及び第2学年〕

　よいことと悪いこととの区別をし，よいと思うことを進んで行うこと。

〔第3学年及び第4学年〕

　正しいと判断したことは，自信をもって行うこと。

〔第5学年及び第6学年〕

　自由を大切にし，自律的に判断し，責任ある行動をすること。

[正直，誠実]

〔第1学年及び第2学年〕

　うそをついたりごまかしをしたりしないで，素直に伸び伸びと生活すること。

〔第3学年及び第4学年〕

　過ちは素直に改め，正直に明るい心で生活すること。

〔第5学年及び第6学年〕

　誠実に，明るい心で生活すること。

[節度，節制]

〔第1学年及び第2学年〕

　健康や安全に気を付け，物や金銭を大切にし，身の回りを整え，わがままをしないで，規則正しい生活をすること。

〔第3学年及び第4学年〕

　自分でできることは自分でやり，安全に気を付け，よく考えて行動し，節度のある生活をすること。

〔第5学年及び第6学年〕

　安全に気を付けることや，生活習慣の大切さについて理解し，自分の生活を見直し，節度を守り節制に心掛けること。

[個性の伸長]

〔第1学年及び第2学年〕

　自分の特徴に気付くこと。

〔第3学年及び第4学年〕

　自分の特徴に気付き，長所を伸ばすこと。

〔第5学年及び第6学年〕

附録

自分の特徴を知って，短所を改め長所を伸ばすこと。

[希望と勇気，努力と強い意志]

〔第1学年及び第2学年〕

自分のやるべき勉強や仕事をしっかりと行うこと。

〔第3学年及び第4学年〕

自分でやろうと決めた目標に向かって，強い意志をもち，粘り強くやり抜くこと。

〔第5学年及び第6学年〕

より高い目標を立て，希望と勇気をもち，困難があってもくじけずに努力して物事をやり抜くこと。

[真理の探究]

〔第5学年及び第6学年〕

真理を大切にし，物事を探究しようとする心をもつこと。

B 主として人との関わりに関すること

[親切，思いやり]

〔第1学年及び第2学年〕

身近にいる人に温かい心で接し，親切にすること。

〔第3学年及び第4学年〕

相手のことを思いやり，進んで親切にすること。

〔第5学年及び第6学年〕

誰に対しても思いやりの心をもち，相手の立場に立って親切にすること。

[感謝]

〔第1学年及び第2学年〕

家族など日頃世話になっている人々に感謝すること。

〔第3学年及び第4学年〕

家族など生活を支えてくれている人々や現在の生活を築いてくれた高齢者に，尊敬と感謝の気持ちをもって接すること。

〔第5学年及び第6学年〕

日々の生活が家族や過去からの多くの人々の支え合いや助け合いで成り立っていることに感謝し，それに応えること。

[礼儀]

〔第1学年及び第2学年〕

気持ちのよい挨拶，言葉遣い，動作などに心掛けて，明るく接すること。

〔第3学年及び第4学年〕

礼儀の大切さを知り，誰に対しても真心をもって接すること。

〔第5学年及び第6学年〕

時と場をわきまえて，礼儀正しく真心をもって接すること。

[友情，信頼]

〔第1学年及び第2学年〕

友達と仲よくし，助け合うこと。

〔第3学年及び第4学年〕

友達と互いに理解し，信頼し，助け合うこと。

〔第5学年及び第6学年〕

友達と互いに信頼し，学び合って友情を深め，異性についても理解しながら，人間関係を築いていくこと。

[相互理解，寛容]

〔第3学年及び第4学年〕

自分の考えや意見を相手に伝えるとともに，相手のことを理解し，自分と異なる意見も大切にすること。

〔第5学年及び第6学年〕

自分の考えや意見を相手に伝えるとともに，謙虚な心をもち，広い心で自分と異なる意見や立場を尊重すること。

C 主として集団や社会との関わりに関すること

[規則の尊重]

〔第1学年及び第2学年〕

約束やきまりを守り，みんなが使う物を大切にすること。

〔第3学年及び第4学年〕

約束や社会のきまりの意義を理解し，それらを守ること。
〔第5学年及び第6学年〕
　法やきまりの意義を理解した上で進んでそれらを守り，自他の権利を大切にし，義務を果たすこと。
〔公正，公平，社会正義〕
〔第1学年及び第2学年〕
　自分の好き嫌いにとらわれないで接すること。
〔第3学年及び第4学年〕
　誰に対しても分け隔てをせず，公正，公平な態度で接すること。
〔第5学年及び第6学年〕
　誰に対しても差別をすることや偏見をもつことなく，公正，公平な態度で接し，正義の実現に努めること。
〔勤労，公共の精神〕
〔第1学年及び第2学年〕
　働くことのよさを知り，みんなのために働くこと。
〔第3学年及び第4学年〕
　働くことの大切さを知り，進んでみんなのために働くこと。
〔第5学年及び第6学年〕
　働くことや社会に奉仕することの充実感を味わうとともに，その意義を理解し，公共のために役に立つことをすること。
〔家族愛，家庭生活の充実〕
〔第1学年及び第2学年〕
　父母，祖父母を敬愛し，進んで家の手伝いなどをして，家族の役に立つこと。
〔第3学年及び第4学年〕
　父母，祖父母を敬愛し，家族みんなで協力し合って楽しい家庭をつくること。
〔第5学年及び第6学年〕
　父母，祖父母を敬愛し，家族の幸せを求めて，進んで役に立つことをすること。

〔よりよい学校生活，集団生活の充実〕
〔第1学年及び第2学年〕
　先生を敬愛し，学校の人々に親しんで，学級や学校の生活を楽しくすること。
〔第3学年及び第4学年〕
　先生や学校の人々を敬愛し，みんなで協力し合って楽しい学級や学校をつくること。
〔第5学年及び第6学年〕
　先生や学校の人々を敬愛し，みんなで協力し合ってよりよい学級や学校をつくるとともに，様々な集団の中での自分の役割を自覚して集団生活の充実に努めること。
〔伝統と文化の尊重，国や郷土を愛する態度〕
〔第1学年及び第2学年〕
　我が国や郷土の文化と生活に親しみ，愛着をもつこと。
〔第3学年及び第4学年〕
　我が国や郷土の伝統と文化を大切にし，国や郷土を愛する心をもつこと。
〔第5学年及び第6学年〕
　我が国や郷土の伝統と文化を大切にし，先人の努力を知り，国や郷土を愛する心をもつこと。
〔国際理解，国際親善〕
〔第1学年及び第2学年〕
　他国の人々や文化に親しむこと。
〔第3学年及び第4学年〕
　他国の人々や文化に親しみ，関心をもつこと。
〔第5学年及び第6学年〕
　他国の人々や文化について理解し，日本人としての自覚をもって国際親善に努めること。
D　主として生命や自然，崇高なものとの関わりに関すること
〔生命の尊さ〕

〔第1学年及び第2学年〕

　生きることのすばらしさを知り，生命を大切にすること。

〔第3学年及び第4学年〕

　生命の尊さを知り，生命あるものを大切にすること。

〔第5学年及び第6学年〕

　生命が多くの生命のつながりの中にあるかけがえのないものであることを理解し，生命を尊重すること。

［自然愛護］

〔第1学年及び第2学年〕

　身近な自然に親しみ，動植物に優しい心で接すること。

〔第3学年及び第4学年〕

　自然のすばらしさや不思議さを感じ取り，自然や動植物を大切にすること。

〔第5学年及び第6学年〕

　自然の偉大さを知り，自然環境を大切にすること。

［感動，畏敬の念］

〔第1学年及び第2学年〕

　美しいものに触れ，すがすがしい心をもつこと。

〔第3学年及び第4学年〕

　美しいものや気高いものに感動する心をもつこと。

〔第5学年及び第6学年〕

　美しいものや気高いものに感動する心や人間の力を超えたものに対する畏敬の念をもつこと。

［よりよく生きる喜び］

〔第5学年及び第6学年〕

　よりよく生きようとする人間の強さや気高さを理解し，人間として生きる喜びを感じること。

第3　指導計画の作成と内容の取扱い

1　各学校においては，道徳教育の全体計画に基づき，各教科，外国語活動，総合的な学習の時間及び特別活動との関連を考慮しながら，道徳科の年間指導計画を作成するものとする。なお，作成に当たっては，第2に示す各学年段階の内容項目について，相当する各学年において全て取り上げることとする。その際，児童や学校の実態に応じ，2学年間を見通した重点的な指導や内容項目間の関連を密にした指導，一つの内容項目を複数の時間で扱う指導を取り入れるなどの工夫を行うものとする。

2　第2の内容の指導に当たっては，次の事項に配慮するものとする。

(1)　校長や教頭などの参加，他の教師との協力的な指導などについて工夫し，道徳教育推進教師を中心とした指導体制を充実すること。

(2)　道徳科が学校の教育活動全体を通じて行う道徳教育の要としての役割を果たすことができるよう，計画的・発展的な指導を行うこと。特に，各教科，外国語活動，総合的な学習の時間及び特別活動における道徳教育としては取り扱う機会が十分でない内容項目に関わる指導を補うことや，児童や学校の実態等を踏まえて指導をより一層深めること，内容項目の相互の関連を捉え直したり発展させたりすることに留意すること。

(3)　児童が自ら道徳性を養う中で，自らを振り返って成長を実感したり，これからの課題や目標を見付けたりすることができるよう工夫すること。その際，道徳性を養うことの意義について，児童自らが考え，理解し，主体的に学習に取り組むことができるようにすること。

(4)　児童が多様な感じ方や考え方に接する中で，考えを深め，判断し，表現する力などを育むことができるよう，自分の考え

199

を基に話し合ったり書いたりするなどの言語活動を充実すること。

(5) 児童の発達の段階や特性等を考慮し，指導のねらいに即して，問題解決的な学習，道徳的行為に関する体験的な学習等を適切に取り入れるなど，指導方法を工夫すること。その際，それらの活動を通じて学んだ内容の意義などについて考えることができるようにすること。また，特別活動等における多様な実践活動や体験活動も道徳科の授業に生かすようにすること。

(6) 児童の発達の段階や特性等を考慮し，第2に示す内容との関連を踏まえつつ，情報モラルに関する指導を充実すること。また，児童の発達の段階や特性等を考慮し，例えば，社会の持続可能な発展などの現代的な課題の取扱いにも留意し，身近な社会的課題を自分との関係において考え，それらの解決に寄与しようとする意欲や態度を育てるよう努めること。なお，多様な見方や考え方のできる事柄について，特定の見方や考え方に偏った指導を行うことのないようにすること。

(7) 道徳科の授業を公開したり，授業の実施や地域教材の開発や活用などに家庭や地域の人々，各分野の専門家等の積極的な参加や協力を得たりするなど，家庭や地域社会との共通理解を深め，相互の連携を図ること。

3 教材については，次の事項に留意するものとする。

(1) 児童の発達の段階や特性，地域の実情等を考慮し，多様な教材の活用に努めること。特に，生命の尊厳，自然，伝統と文化，先人の伝記，スポーツ，情報化への対応等の現代的な課題などを題材とし，児童が問題意識をもって多面的・多角的に考えたり，感動を覚えたりするような充実した

教材の開発や活用を行うこと。

(2) 教材については，教育基本法や学校教育法その他の法令に従い，次の観点に照らし適切と判断されるものであること。

ア 児童の発達の段階に即し，ねらいを達成するのにふさわしいものであること。

イ 人間尊重の精神にかなうものであって，悩みや葛藤等の心の揺れ，人間関係の理解等の課題も含め，児童が深く考えることができ，人間としてよりよく生きる喜びや勇気を与えられるものであること。

ウ 多様な見方や考え方のできる事柄を取り扱う場合には，特定の見方や考え方に偏った取扱いがなされていないものであること。

4 児童の学習状況や道徳性に係る成長の様子を継続的に把握し，指導に生かすよう努める必要がある。ただし，数値などによる評価は行わないものとする。

中学校学習指導要領（抜粋）
平成二十九年三月公示

第1章　総則

第1　中学校教育の基本と教育課程の役割
　　　　　　　　　　　　　（中略）

2 学校の教育活動を進めるに当たっては，各学校において，第3の1に示す主体的・対話的で深い学びの実現に向けた授業改善を通して，創意工夫を生かした特色ある教育活動を展開する中で，次の (1) から (3) までに掲げる事項の実現を図り，生徒に生きる力を育むことを目指すものとする。

　　　　　　　　　　　　　（中略）

(2) 道徳教育や体験活動，多様な表現や鑑賞の活動等を通して，豊かな心や創造性

附録

の涵養を目指した教育の充実に努めること。

　学校における道徳教育は，特別の教科である道徳（以下「道徳科」という。）を要として学校の教育活動全体を通じて行うものであり，道徳科はもとより，各教科，総合的な学習の時間及び特別活動のそれぞれの特質に応じて，生徒の発達の段階を考慮して，適切な指導を行うこと。

　道徳教育は，教育基本法及び学校教育法に定められた教育の根本精神に基づき，自己の生き方を考え，主体的な判断の下に行動し，自立した人間として他者と共によりよく生きるための基盤となる道徳性を養うことを目標とすること。

　道徳教育を進めるに当たっては，人間尊重の精神と生命に対する畏敬の念を家庭，学校，その他社会における具体的な生活の中に生かし，豊かな心をもち，伝統と文化を尊重し，それらを育んできた我が国と郷土を愛し，個性豊かな文化の創造を図るとともに，平和で民主的な国家及び社会の形成者として，公共の精神を尊び，社会及び国家の発展に努め，他国を尊重し，国際社会の平和と発展や環境の保全に貢献し未来を拓く主体性のある日本人の育成に資することとなるよう特に留意すること。

（中略）

第6　道徳教育に関する配慮事項

　道徳教育を進めるに当たっては，道徳教育の特質を踏まえ，前項までに示す事項に加え，次の事項に配慮するものとする。

1　各学校においては，第1の2の(2)に示す道徳教育の目標を踏まえ，道徳教育の全体計画を作成し，校長の方針の下に，道徳教育の推進を主に担当する教師（以下「道徳教育推進教師」という。）を中心に，全教師が協力して道徳教育を展開すること。なお，道徳教育の全体計画の作成に当たっては，生徒や学校，地域の実態を考慮して，学校の道徳教育の重点目標を設定するとともに，道徳科の指導方針，第3章特別の教科道徳の第2に示す内容との関連を踏まえた各教科，総合的な学習の時間及び特別活動における指導の内容及び時期並びに家庭や地域社会との連携の方法を示すこと。

2　各学校においては，生徒の発達の段階や特性等を踏まえ，指導内容の重点化を図ること。その際，小学校における道徳教育の指導内容を更に発展させ，自立心や自律性を高め，規律ある生活をすること，生命を尊重する心や自らの弱さを克服して気高く生きようとする心を育てること，法やきまりの意義に関する理解を深めること，自らの将来の生き方を考え主体的に社会の形成に参画する意欲と態度を養うこと，伝統と文化を尊重し，それらを育んできた我が国と郷土を愛するとともに，他国を尊重すること，国際社会に生きる日本人としての自覚を身に付けることに留意すること。

3　学校や学級内の人間関係や環境を整えるとともに，職場体験活動やボランティア活動，自然体験活動，地域の行事への参加などの豊かな体験を充実すること。また，道徳教育の指導内容が，生徒の日常生活に生かされるようにすること。その際，いじめの防止や安全の確保等にも資することとなるよう留意すること。

4　学校の道徳教育の全体計画や道徳教育に関する諸活動などの情報を積極的に公表したり，道徳教育の充実のために家庭や地域の人々の積極的な参加や協力を得たりするなど，家庭や地域社会との共通理解を深め，相互の連携を図ること。

（中略）

第3章　特別の教科道徳

第1　目標

　第1章総則の第1の2の（2）に示す道徳教育の目標に基づき，よりよく生きるための基盤となる道徳性を養うため，道徳的諸価値についての理解を基に，自己を見つめ，物事を広い視野から多面的・多角的に考え，人間としての生き方についての考えを深める学習を通して，道徳的な判断力，心情，実践意欲と態度を育てる。

第2　内容

　学校の教育活動全体を通じて行う道徳教育の要である道徳科においては，以下に示す項目について扱う。

A　主として自分自身に関すること

[自主，自律，自由と責任]

　自律の精神を重んじ，自主的に考え，判断し，誠実に実行してその結果に責任をもつこと。

[節度，節制]

　望ましい生活習慣を身に付け，心身の健康の増進を図り，節度を守り節制に心掛け，安全で調和のある生活をすること。

[向上心，個性の伸長]

　自己を見つめ，自己の向上を図るとともに，個性を伸ばして充実した生き方を追求すること。

[希望と勇気，克己と強い意志]

　より高い目標を設定し，その達成を目指し，希望と勇気をもち，困難や失敗を乗り越えて着実にやり遂げること。

[真理の探究，創造]

　真実を大切にし，真理を探究して新しいものを生み出そうと努めること。

B　主として人との関わりに関すること

[思いやり，感謝]

　思いやりの心をもって人と接するとともに，家族などの支えや多くの人々の善意により日々の生活や現在の自分があることに感謝し，進んでそれに応え，人間愛の精神を深めること。

[礼儀]

　礼儀の意義を理解し，時と場に応じた適切な言動をとること。

[友情，信頼]

　友情の尊さを理解して心から信頼できる友達をもち，互いに励まし合い，高め合うとともに，異性についての理解を深め，悩みや葛藤も経験しながら人間関係を深めていくこと。

[相互理解，寛容]

　自分の考えや意見を相手に伝えるとともに，それぞれの個性や立場を尊重し，いろいろなものの見方や考え方があることを理解し，寛容の心をもって謙虚に他に学び，自らを高めていくこと。

C　主として集団や社会との関わりに関すること

[遵法精神，公徳心]

　法やきまりの意義を理解し，それらを進んで守るとともに，そのよりよい在り方について考え，自他の権利を大切にし，義務を果たして，規律ある安定した社会の実現に努めること。

[公正，公平，社会正義]

　正義と公正さを重んじ，誰に対しても公平に接し，差別や偏見のない社会の実現に努めること。

[社会参画，公共の精神]

　社会参画の意識と社会連帯の自覚を高め，公共の精神をもってよりよい社会の実現に努めること。

[勤労]

　勤労の尊さや意義を理解し，将来の生き方について考えを深め，勤労を通じて社会に貢献すること。

附録

[家族愛，家庭生活の充実]

父母，祖父母を敬愛し，家族の一員としての自覚をもって充実した家庭生活を築くこと。

[よりよい学校生活，集団生活の充実]

教師や学校の人々を敬愛し，学級や学校の一員としての自覚をもち，協力し合ってよりよい校風をつくるとともに，様々な集団の意義や集団の中での自分の役割と責任を自覚して集団生活の充実に努めること。

[郷土の伝統と文化の尊重，郷土を愛する態度]

郷土の伝統と文化を大切にし，社会に尽くした先人や高齢者に尊敬の念を深め，地域社会の一員としての自覚をもって郷土を愛し，進んで郷土の発展に努めること。

[我が国の伝統と文化の尊重，国を愛する態度]

優れた伝統の継承と新しい文化の創造に貢献するとともに，日本人としての自覚をもって国を愛し，国家及び社会の形成者として，その発展に努めること。

[国際理解，国際貢献]

世界の中の日本人としての自覚をもち，他国を尊重し，国際的視野に立って，世界の平和と人類の発展に寄与すること。

D 主として生命や自然，崇高なものとの関わりに関すること

[生命の尊さ]

生命の尊さについて，その連続性や有限性なども含めて理解し，かけがえのない生命を尊重すること。

[自然愛護]

自然の崇高さを知り，自然環境を大切にすることの意義を理解し，進んで自然の愛護に努めること。

[感動，畏敬の念]

美しいものや気高いものに感動する心を

もち，人間の力を超えたものに対する畏敬の念を深めること。

[よりよく生きる喜び]

人間には自らの弱さや醜さを克服する強さや気高く生きようとする心があることを理解し，人間として生きることに喜びを見いだすこと。

第3 指導計画の作成と内容の取扱い

1 各学校においては，道徳教育の全体計画に基づき，各教科，総合的な学習の時間及び特別活動との関連を考慮しながら，道徳科の年間指導計画を作成するものとする。なお，作成に当たっては，第2に示す内容項目について，各学年において全て取り上げることとする。その際，生徒や学校の実態に応じ，3学年間を見通した重点的な指導や内容項目間の関連を密にした指導，一つの内容項目を複数の時間で扱う指導を取り入れるなどの工夫を行うものとする。

2 第2の内容の指導に当たっては，次の事項に配慮するものとする。

(1) 学級担任の教師が行うことを原則とするが，校長や教頭などの参加，他の教師との協力的な指導などについて工夫し，道徳教育推進教師を中心とした指導体制を充実すること。

(2) 道徳科が学校の教育活動全体を通じて行う道徳教育の要としての役割を果たすことができるよう，計画的・発展的な指導を行うこと。特に，各教科，総合的な学習の時間及び特別活動における道徳教育としては取り扱う機会が十分でない内容項目に関わる指導を補うことや，生徒や学校の実態等を踏まえて指導をより一層深めること，内容項目の相互の関連を捉え直したり発展させたりすることに留意すること。

(3) 生徒が自ら道徳性を養う中で，自ら

203

を振り返って成長を実感したり，これから
の課題や目標を見付けたりすることができ
るよう工夫すること。その際，道徳性を養
うことの意義について，生徒自らが考え，
理解し，主体的に学習に取り組むことがで
きるようにすること。また，発達の段階を
考慮し，人間としての弱さを認めながら，
それを乗り越えてよりよく生きようとする
ことのよさについて，教師が生徒と共に考
える姿勢を大切にすること。
(4) 生徒が多様な感じ方や考え方に接す
る中で，考えを深め，判断し，表現する力
などを育むことができるよう，自分の考え
を基に討論したり書いたりするなどの言語
活動を充実すること。その際，様々な価値
観について多面的・多角的な視点から振り
返って考える機会を設けるとともに，生徒
が多様な見方や考え方に接しながら，更に
新しい見方や考え方を生み出していくこと
ができるよう留意すること。
(5) 生徒の発達の段階や特性等を考慮し，
指導のねらいに即して，問題解決的な学
習，道徳的行為に関する体験的な学習等を
適切に取り入れるなど，指導方法を工夫す
ること。その際，それらの活動を通じて学
んだ内容の意義などについて考えることが
できるようにすること。また，特別活動等
における多様な実践活動や体験活動も道徳
科の授業に生かすようにすること。
(6) 生徒の発達の段階や特性等を考慮し，
第2に示す内容との関連を踏まえつつ，情
報モラルに関する指導を充実すること。ま
た，例えば，科学技術の発展と生命倫理と
の関係や社会の持続可能な発展などの現代
的な課題の取扱いにも留意し，身近な社会
的課題を自分との関係において考え，その
解決に向けて取り組もうとする意欲や態度
を育てるよう努めること。

なお，多様な見方や考え方のできる事柄
について，特定の見方や考え方に偏った指
導を行うことのないようにすること。
(7) 道徳科の授業を公開したり，授業の
実施や地域教材の開発や活用などに家庭や
地域の人々，各分野の専門家等の積極的な
参加や協力を得たりするなど，家庭や地域
社会との共通理解を深め，相互の連携を図
ること。
3 教材については，次の事項に留意する
ものとする。
(1) 生徒の発達の段階や特性，地域の実
情等を考慮し，多様な教材の活用に努める
こと。特に，生命の尊厳，社会参画，自
然，伝統と文化，先人の伝記，スポーツ，
情報化への対応等の現代的な課題などを題
材とし，生徒が問題意識をもって多面的・
多角的に考えたり，感動を覚えたりするよ
うな充実した教材の開発や活用を行うこ
と。
(2) 教材については，教育基本法や学校
教育法その他の法令に従い，次の観点に照
らし適切と判断されるものであること。
ア 生徒の発達の段階に即し，ねらいを達
成するのにふさわしいものであること。
イ 人間尊重の精神にかなうものであっ
て，悩みや葛藤等の心の揺れ，人間関係の
理解等の課題も含め，生徒が深く考えるこ
とができ，人間としてよりよく生きる喜び
や勇気を与えられるものであること。
ウ 多様な見方や考え方のできる事柄を取
り扱う場合には，特定の見方や考え方に偏
った取扱いがなされていないものであるこ
と。
4 生徒の学習状況や道徳性に係る成長の
様子を継続的に把握し，指導に生かすよう
努める必要がある。ただし，数値などによ
る評価は行わないものとする。

あとがき

「子どものころ，道徳授業は好きでしたか」。大学の講義や教員研修で受講生にこう問いかけると，みな一様に複雑で困った顔をする。コラム4（P.110）でも示したように，道徳授業を肯定的にみる割合はそれほど高くないからである。

ただ，私個人は道徳授業が好きであった。小学校のころから「どう生きるべきか」「どのように人とつき合うべきか」「どう社会とかかわればよいのか」で悩んでいたからである。道徳授業こそがその問題に明快な答えを与えてくれるものであり，人間として成長させてくれるものと信じていたからである。

ただ実際のところ，私が受けた道徳授業では，登場人物の心情に共感させられ，道徳的価値を押しつけられるものが多くて，よく失望させられた。偉人や先人の登場する話はリアリティもあって面白かったが，道徳用に作られたフィクション（作り話）の結論は，納得できないこともあったからだ。担任の先生からは「道徳は教科ではないから」「評価もしないから」と諭されることもあった。こうした生活習慣の改善や人生の糧にならない道徳授業で，ほんとうに自分の成長に役立つのか，そもそもこうした道徳授業はほんとうに学校で学ぶ教科といえるのか，疑問を感じることさえあった。

それでも，道徳授業は好きな時間であった。自分の人生や生き方を根本的に振り返ったり，教師や友達と真摯に語り合ったりするのは，このときしかなかったからだ。特に，担任の教師が問題解決学習を取り入れて，私の価値観や魂をもゆさぶってきたときは，人生の深遠さや道徳教育の学問的な可能性に魅了されたこともあった。道徳授業はやり方次第で，人の心を奮い立たせ希望の光を投げかけることもあれば，人を失望させ幻滅させることもある。それなら，よりよく生きる力を育み，人生を幸福や成功へと導き，人間として成長させてくれる道徳授業を構想することが絶対必要だと切実に思うようになった。

このたび，ようやく道徳も教科となって，その指導法も大幅に改善・充実することで，わが国の道徳教育もようやく新しい時代に入ることになる。そこでは，問題解決的な学習に代表される「考え議論する道徳」が普及し，子どもが

205

主体的に考え判断し，協働して議論できる道徳授業を行うことが期待されている。そのためには，教師一人一人が「考え議論する道徳」の指導法に熟達しなければならない。そこで，大学の教員養成や教員研修で使う教科書（テキスト）を充実させなければならないと思い立った。そうした趣旨から，本書では「考え議論する道徳」が根本的に理解され実践できるようになるために，道徳教育の理論から歴史，諸外国の様子，実際の道徳科の指導法，評価法まで，できるだけ一貫性をもたせる形でまとめることにした。

　これからの大学教育は，コアカリキュラムに対応させ，道徳教育を抽象的に理解させるだけでなく，実践的な指導力を育成することが大事になる。そのためには，ただ昔ながらの道徳授業の決まりごとや指導法を伝えるだけでなく，今日の社会状況や子どもの実態を踏まえ，具体的に計画を立て，指導案を作り，授業を行い，その評価に基づいて改善をしつづけなければならない。まだ道半ばであるが，これからも学校現場の先生方や大学研究者，教育委員会，文部科学省の方々と連携・協力を図りながら，よりよい道徳教育の教科書を求めて協働探究し，改善・充実を図っていきたい。

　なお，本書は部分的に拙著『生きる力を育む道徳教育』，『実効性のある道徳教育』，共著『「考え，議論する道徳」を実現する！』などで示してきた筆者の考えを加筆修正したり発展させたりしたところがある。また，文部科学省の基本方針と合致するように随時，学習指導要領とその解説書を参照しながら内容をまとめていったところもある。この2点をご承知おきいただきたい。

　最後に，本書の刊行をご快諾いただいた図書文化社の福富泉社長をはじめ，関係者各位に改めて深謝したい。特に，編集者の渡辺佐恵様と佐藤達朗様にはたくさんの有意義な助言や指摘をいただくことで，短期間にスピーディに作業を進めることができた。ご尽力いただいたみな様に心より深謝を申し上げたい。

　本書が道徳科の幕開けにふさわしい大学教科書・教員研修テキストとなり，道徳教育の改革・改善・充実にいくばくかでも貢献できれば幸甚である。

柳沼良太

著者略歴［2020 年 4 月現在］

柳沼良太（やぎぬま・りょうた）

早稲田大学大学院文学研究科博士後期課程修了，博士（文学）。早稲田大学文学部助手，山形短期大学専任講師を経て，現在，東海国立大学機構岐阜大学大学院教育学研究科教授。日本道徳教育学会理事。中央教育審議会道徳教育専門部会委員，道徳教育の改善等に係る調査研究協力委員，学習指導要領解説「特別の教科　道徳」作成協力者。おもな著書として，『プラグマティズムと教育──デューイからローティへ』『ローティの教育論──ネオ・プラグマティズムからの提言』（八千代出版），『問題解決型の道徳授業──プラグマティック・アプローチ』（明治図書），『ポストモダンの自由管理教育──スキゾ・キッズからマルチ・キッズへ』（春風社），『「生きる力」を育む道徳教育──デューイ教育思想の継承と発展』（慶應義塾大学出版会），『実効性のある道徳教育──日米比較から見えてくるもの』（教育出版），『子どもが考え，議論する問題解決型の道徳授業事例集 小学校編・中学校編』（図書文化）ほか多数。

＜改訂情報＞
初版第 2 刷　　p.82 に資料追加（ヘルバルト主義に基づく修身科教案）
初版第 5 刷　　p.87 の ℓ 25-28 を p.93 の ℓ 2-5 へ移動

道徳の理論と指導法

2017 年 10 月 30 日　　初版第 1 刷発行［検印省略］
2024 年 4 月 20 日　　初版第 6 刷発行

著　者　**柳沼　良太**
発行人　則岡　秀卓
発行所　株式会社 図書文化社
　　　　〒 112-0012　東京都文京区大塚 1-4-15
　　　　TEL 03-3943-2511　FAX 03-3943-2519
　　　　http://www.toshobunka.co.jp
装　帳　株式会社 オセロ
印刷・製本　株式会社 厚徳社

Ⓒ YAGINUMA Ryota, 2017　Printed in Japan
ISBN　978-4-8100-7698-1　C3037

[JCOPY] ＜出版者著作権管理機構 委託出版物＞
本書の無断複写は著作権法上での例外を除き禁じられています。複写される場合は，そのつど事前に，出版者著作権管理機構（電話 03-5244-5088，FAX 03-5244-5089，e-mail : info@jcopy.or.jp）の許諾を得てください。
乱丁・落丁本はお取り替えいたします。
定価はカバーに表示してあります。

教職や保育・福祉関係の資格取得をめざす人のためのやさしいテキスト

[改訂版] たのしく学べる 最新教育心理学

櫻井茂男 編　　A 5判／264ページ　●定価 本体2,000円＋税

目次●教育心理学とは／発達を促す／やる気を高める／学習のメカニズム／授業の心理学／教育評価を指導に生かす／知的能力を考える／パーソナリティを理解する／社会性を育む／学級の心理学／不適応と心理臨床／障害児の心理と特別支援教育

学習意欲を高め，学力向上を図る12のストラテジー

科学的根拠で示す 学習意欲を高める12の方法

辰野千壽 著　　A 5判／168ページ　●定価 本体2,000円＋税

「興味」「知的好奇心」「目的・目標」「達成動機」「不安動機」「成功感」「学習結果」「賞罰」「競争」「自己動機づけ」「学級の雰囲気」「授業と評価」の12の視点から，学習意欲を高める原理と方法をわかりやすく解説する。

「教職の意義等に関する科目」のためのテキスト

新版（改訂二版） 教職入門 ―教師への道―

藤本典裕 編著　　A 5判／224ページ　●定価 本体1,800円＋税

主要目次●教職課程で学ぶこと／子どもの生活と学校／教師の仕事／教師に求められる資質・能力／教員の養成と採用・研修／教員の地位と身分／学校の管理・運営／付録：教育に関する主要法令【教育基本法・学校教育法・教育公務員特例法・新指導要領】

生徒指導・進路指導・キャリア教育論
主体的な生き方を育むための理論と実践

横山明子 編著　　A 5判／240ページ　●定価 本体2,000円＋税

主要目次●生徒指導・進路指導・キャリア教育の歴史と発展／ガイダンス・カウンセリングの基礎的理論／児童生徒理解の方法・技術／生徒指導・進路指導・キャリア教育の組織と運営／児童生徒の問題行動の特徴と支援／生徒指導・進路指導・キャリア教育のアセスメント　ほか

わかる授業の科学的探究

授業研究法入門

河野義章 編著　　A 5判／248ページ　●定価 本体2,400円＋税

主要目次●授業研究の要因／授業を記録する／授業研究のメソドロジー／授業ストラテジーの研究／学級編成の研究／発話の研究／協同の学習過程の研究／発問の研究／授業タクティクスの研究／空間行動の研究／視線の研究／姿勢とジェスチャーの研究／板書の研究　ほか

教職課程「教育の方法及び技術」のためのテキスト

四訂版 教育の方法と技術

平沢茂 編著　　A 5判／184ページ　●定価 本体2,000円＋税

目次●教育方法・技術にかかわる基本概念と理論の展開／授業設計と授業の実践／カリキュラム開発／教育の情報化／教育における評価

〒112-0012 東京都文京区大塚1-4-15　図書文化　TEL03-3943-2511　FAX03-3943-2519
http://www.toshobunka.co.jp/